AF541877

# मिस्टर कानूनवाला'ज़ चैम्बर

भारतीय न्याय-व्यवस्था को टटोलती चुनिन्दा कहानियाँ

सम्पादक
अपूर्व अग्रवाल

राजकमल प्रकाशन

ISBN : 978-81-267-2862-6

**मूल्य :** ₹ 400

**राजकमल प्रकाशन प्राइवेट लिमिटेड**
1-बी नेताजी सुभाष मार्ग, दरियागंज
नई दिल्ली 110002

**शाखाएँ**
अशोक राजपथ, साइंस कॉलेज के सामने, पटना 800006
पहली मंजिल, दरबारी बिल्डिंग, महात्मा गांधी मार्ग, इलाहाबाद 211001
36ए, शेक्सपियर सरणी, कोलकाता 700017

**वेबसाइट :** www.rajkamalprakashan.com
**ई-मेल :** info@rajkamalprakashan.com

**पहला संस्करण :** 2015

**चित्रांकन :** अभिमन्यु सिन्हा
**रूप-सज्जा :** तापस सरकार

**मुद्रक :** बी.के. ऑफसेट
नवीन शाहदरा, दिल्ली 110032

***Mr. Kanoonwalla's Chamber***
*An Anthology of Short Stories on Legal System*
by Apoorv Agarwal

यह कृति समर्पित है
उन न्यायाधीशों को
जिनका जीवन
न्यायशीलता,
संवैधानिक सिद्धान्तों,
नैतिक-मूल्यों तथा
सत्यता के प्रति
वचनबद्ध है

# अनुक्रम

अपूर्व अग्रवाल

# मिस्टर कानूनवालॉ’ज़ चैम्बर

जैसे-जैसे देश लोकतांत्रिक व्यवस्था अपनाते गए, वैसे-वैसे न्यायपीठों की गरिमा और वर्चस्व बढ़ता गया। न्याय-शास्त्र की भाषा और सिद्धान्त जटिल थे, संस्कृत और लैटिन पारिभाषिक शब्दावली में लिप्त उसकी धाराएँ, उपधाराएँ, अनुच्छेद दुरूह थे और उनका ज्ञान लम्बे अध्ययन द्वारा ही प्राप्त किया जा सकता था। इस पृष्ठभूमि में कुछ व्यक्ति, जिन्होंने न्याय-शास्त्र का ज्ञान अर्जित किया था, अभियोक्ता (प्रॉसीक्यूटर) अथवा अधिवक्ता (एडवोकेट) बन गए।

न्यायपीठों की अध्यक्षता की डोर विधि-विज्ञान में पारंगत न्याय अधिकारियों और न्यायाधीशों ने सँभाल ली। उन पर समाज ने बहुत बड़ा उत्तरदायित्व सौंप दिया। सत्य के मार्ग पर चलते हुए दूध का दूध, पानी का पानी करना; ऊँच-नीच, जात-पाँत, अपने-पराए, बलशाली-निर्बल के भेद-भाव से मुक्त रहकर नागरिकों के अधिकारों की रक्षा करना; अपराधियों को उपयुक्त दंड देना उनका धर्म बन गया।

सैद्धान्तिक स्तर पर न्याय के इस अभिकल्प में कहीं कोई दोष नहीं छोड़ा गया। किन्तु समय सर्वशक्तिमान है। अर्थ, लोभ, काम, क्रोध, बल, सत्ता, अज्ञान, मद, बन्धुत्व-मोह के धूर्त चक्रव्यूह में फँस ज्ञानी भी अधर्मी हो जाता है। पवित्र से पवित्र व्यवसाय भी अधर्म की इन विषैली लताओं के बाहुपाश में कसे जाने से बच नहीं सके। फिर वह व्यवसाय जिसका सीधा-सीधा वास्ता ही प्रायः अधर्मियों और अपराधियों से पड़ता है, उसे इन लताओं से स्वच्छन्द भला कौन रख पाता! इंसाफ की देवी के हाथ में न्याय का तराजू न डगमगाए, इन अधर्मों से उसकी रक्षा करना सरल न रहा। न्याय की पवित्र वेदी पर सत्यता, सज्जनता, सत्कर्म ही जीतें; असत्य, अधर्म, अपराध की हार हो; यह शुद्ध पवित्रता बनाए रखना चुनौतियों से भरा मिशन हो गया।

फिर इंसाफ दे पाना अपने में उतना सरल भी नहीं! न्याय-शास्त्र की आधारबिन्दु विधि-संहिताएँ तमाम धाराओं, उपधाराओं, अनुच्छेदों के होते हुए भी इस असीम सम्भावना से भरी हैं कि अलग-अलग पदाधिकारी उनका विश्लेषण

धरती पर कानून के पहले सूत्र कहाँ, कब और कैसे रचे गए यह यकीन के साथ कह पाना शायद किसी के लिए भी मुमकिन नहीं। सच कहूँ तो कार्बन डेटिंग, कम्प्यूटराइज्ड टोमोग्राफी और मैग्नेटिक रेजोनेंस इमेजिंग के वर्तमान युग में जब सहस्रों वर्ष पुराने संरक्षित मानव जीवाश्मों की ऊतकीय (टिशू) जाँच तक कर पाना सम्भव हो गया है, कोई ऐसी विरल तकनीक नहीं खोजी जा सकी है जिसमें यह सामर्थ्य हो कि वह प्राक् युग के मानव की वैचारिक सच्चाइयों से हमें परिचित करा सके। लेकिन तनिक सोचें, और मानव विकास की कड़ियों के जो साक्ष्य हमारे पास उपलब्ध हैं उन पर विचार करें, तो इसके अंकुर खोज पाना, उनका अनुमान लगा पाना उतना कठिन भी नहीं। सभ्यता के बीज पड़ने के साथ, जैसे-जैसे परिवार, कुटुम्ब, कबीले बने, मनुष्य ने समुदाय और समाज की स्थापना की, आचार-व्यवहार के नियम-कायदे रचना जरूरी हो गया। जब तक लिपि का जन्म नहीं हुआ, यह सामाजिक नियमावली परम्पराओं के रूप में पीढ़ी-दर-पीढ़ी आगे बढ़ती रही। उसका अस्तित्व चाहे मौखिक रहा, उसका वर्चस्व चाहे किसी एक कबीले अथवा किसी एक भौगोलिक क्षेत्र तक ही सीमित रहा, किन्तु इन प्रथम नियमावलियों ने ही सम्भवतः हमारे उन मध्य पाषाण-कालीन पूर्वजों की नैसर्गिक पशु-वृत्ति पर अंकुश रचा, उन्हें अनुशासन में बाँधा तथा सामुदायिक हित में एक-दूसरे के साथ कन्धे से कन्धा मिलाकर चलने के लिए प्रेरित किया।

आचार-संहिता, अधिकार, दायित्व, निषिद्ध, वांछित, अपराध, दंड जैसे सिद्धान्तों का उद्‌भव समाज में सुरक्षा, शान्ति, अनुशासन, सामंजस्य, सद्‌भाव और मैत्री के भाव उत्पन्न करने के लिए ही किया गया। कुछ खास किस्म की स्थितियाँ व्यक्ति या समुदाय के लिए असुरक्षा की स्थिति उत्पन्न कर सकती हैं, यह चेतना जाग्रत् होते ही आचार-व्यवहार तथा निषिद्ध व्यवहार की व्याख्या करना अनिवार्य हो

गया। नई-नई चुनौतियाँ सामने आती रहीं, और नए-नए आचार-व्यवहार सम्बन्धी नियम रचे जाते गए। लिपि के जन्म ने मौखिक परम्पराओं को ठोस नियम-संहिताओं में ढाल पहले पत्थर पर, फिर कागज पर और अब कम्प्यूटर और इंटरनेट पर सार्वजनिक कर दिया। ये खुदी हुई, स्याहीबद्ध अथवा कम्प्यूटर पर बटन दबाते ही उपलब्ध नियम-संहिताएँ कभी गतिहीन नहीं हुईं। समय के उग्र प्रवाह ने नई-नई सामाजिक स्थितियों का बोध करवाते हुए इन संहिताओं में नई-नई धाराओं, उप-धाराओं को जन्म दिया। जिस प्रकार जीवन का हर पक्ष गतिशील है, उसी प्रकार दुनिया के हर समाज की, हर राज्य की, हर देश की, हर महाद्वीप की तथा वैश्विक मानव समुदाय की आचार-संहिताएँ, नियम-संहिताएँ तथा दंड-संहिताएँ भी सदैव गतिमान बनी रहेंगी।

कानून की कितनी ही सीमाएँ हों, फिर भी यही हमारा एकमात्र संरक्षक है जो क्षणिक मानसिक भटकाव अथवा किसी के इच्छा-दोष से उत्प्रेरित अनुशासनहीनता, निरंकुशता, अत्याचार और क्रूरता से हमारी रक्षा करता है। उसी से सामाजिक व्यवस्था को आकार मिलता है; न्याय और अन्याय का बोध होता है; विकास, क्रान्ति और प्रगति के स्वर मुखर होते हैं।

मानव इतिहास के शुरुआती पन्नों को पलटें, तो पाते हैं कि न्याय देने और दिलाने का पूरा उत्तरदायित्व परिवार, समुदाय, राज्य के मुखिया पर होता था। पिता, कबीले का सरदार, राजा की यह जिम्मेदारी होती कि वह परिवार और कबीले के हर सदस्य और राज्य के प्रत्येक नागरिक को न्याय दिलाए; कोई किसी के अधिकारों का अतिक्रमण करे, अधर्म करे, अनीति करे, अन्याय करे तो फरियादी को तो इंसाफ मिले ही, दोष सिद्ध होने पर अपराधी को दंड भी दिया जाए। सत्य की ठोस धरा तक पहुँचने का यह उत्तरदायित्व प्रायः दुष्कर होता। अपराध से जुड़े सभी प्रमाण; आरोपी और दोषी व्यक्ति के मन, बुद्धि, प्रवृत्ति, दोष का ज्ञान; अपराध के प्रयोजन जैसे अनेक तथ्यों को ध्यान में रखकर ही उचित निष्कर्ष पर पहुँचा जा सकता था। किन्तु इस न्याय-व्यवस्था में एक बहुत बड़ी खामी थी। शक्ति और निर्णय का यह एकल केन्द्र स्वेच्छाचार, निरंकुशता, निर्दयता, और तानाशाही को खुला आमंत्रण था, जिसमें जवाबदेही का पुट या तो नहीं था या बहुत कम था। किन्तु इन विषम परिस्थितियों में भी राजा विक्रमादित्य, राजा हरिश्चन्द्र, किंग सुलेमान, बादशाह जहाँगीर जैसे न्यायसिद्ध नरेश हुए, जिनकी गाथाएँ आज भी जनमानस में लोकप्रिय हैं।

समय के साथ न्याय-शास्त्र, न्याय-दर्शन तथा न्याय-पालिका की संरचना ने समुचित संस्था का रूप धारण कर लिया।

जैसे-जैसे देश लोकतांत्रिक व्यवस्था अपनाते गए, वैसे-वैसे न्यायपीठों की गरिमा और वर्चस्व बढ़ता गया। न्याय-शास्त्र की भाषा और सिद्धान्त जटिल थे, संस्कृत और लैटिन पारिभाषिक शब्दावली में लिप्त उसकी धाराएँ, उपधाराएँ, अनुच्छेद दुरूह थे और उनका ज्ञान लम्बे अध्ययन द्वारा ही प्राप्त किया जा सकता था। इस पृष्ठभूमि में कुछ व्यक्ति, जिन्होंने न्याय-शास्त्र का ज्ञान अर्जित किया था, अभियोक्ता (प्रॉसीक्यूटर) अथवा अधिवक्ता (एडवोकेट) बन गए।

न्यायपीठों की अध्यक्षता की डोर विधि-विज्ञान में पारंगत न्याय अधिकारियों और न्यायाधीशों ने सँभाल ली। उन पर समाज ने बहुत बड़ा उत्तरदायित्व सौंप दिया। सत्य के मार्ग पर चलते हुए दूध का दूध, पानी का पानी करना; ऊँच-नीच, जात-पाँत, अपने-पराए, बलशाली-निर्बल के भेद-भाव से मुक्त रहकर नागरिकों के अधिकारों की रक्षा करना; अपराधियों को उपयुक्त दंड देना उनका धर्म बन गया।

सैद्धान्तिक स्तर पर न्याय के इस अभिकल्प में कहीं कोई दोष नहीं छोड़ा गया। किन्तु समय सर्वशक्तिमान है। अर्थ, लोभ, काम, क्रोध, बल, सत्ता, अज्ञान, मद, बन्धुत्व-मोह के धूर्त चक्रव्यूह में फँस ज्ञानी भी अधर्मी हो जाता है। पवित्र से पवित्र व्यवसाय भी अधर्म की इन विषैली लताओं के बाहुपाश में कसे जाने से बच नहीं सके। फिर वह व्यवसाय जिसका सीधा-सीधा वास्ता ही प्रायः अधर्मियों और अपराधियों से पड़ता है, उसे इन लताओं से स्वच्छन्द भला कौन रख पाता! इंसाफ की देवी के हाथ में न्याय का तराजू न डगमगाए, इन अधर्मों से उसकी रक्षा करना सरल न रहा। न्याय की पवित्र वेदी पर सत्यता, सज्जनता, सत्कर्म ही जीतें; असत्य, अधर्म, अपराध की हार हो; यह शुद्ध पवित्रता बनाए रखना चुनौतियों से भरा मिशन हो गया।

फिर इंसाफ दे पाना अपने में उतना सरल भी नहीं! न्याय-शास्त्र की आधारबिन्दु विधि-संहिताएँ तमाम धाराओं, उपधाराओं, अनुच्छेदों के होते हुए भी इस असीम सम्भावना से भरी हैं कि अलग-अलग पदाधिकारी उनका विश्लेषण

अपने ढंग से करने के लिए स्वतंत्र हैं। कुछ स्थितियाँ ऐसी भी आती हैं, जिनमें न्याय-शास्त्र खुद को निरुत्तर पाता है। यह भी उतना ही बड़ा सच है कि न्याय-प्रक्रिया अपने में खासी जटिल है। उसका आधार साक्ष्य, प्रमेय, संशय, प्रयोजन, दृष्टान्त, सिद्धान्त, तर्क जैसे तत्त्व हैं, जिनकी सद्प्रस्तुति किसी एक व्यक्ति के हाथ में न होकर पूरी व्यवस्था पर निर्भर है।

चिन्तकों, विचारकों, दार्शनिकों, लेखकों, कवियों और समाजशास्त्रियों ने इस उत्तरदायित्व को और दुःसाध्य बना दिया है। विश्वचर्चित रचना **जीवन सन्देश** में लिखते हुए

खलील जिब्रान ने न्यायाधिकारियों के सम्मुख जो चुनौती प्रस्तुत की है, वह विचारणीय है—

**और न्यायप्रिय न्यायाधीशो,**

**तुम उसे क्या सजा दोगे जो शरीर से ईमानदार है लेकिन मन से चोर है?**

**और तुम उस व्यक्ति को क्या दंड दोगे जो देह की हत्या करता है लेकिन जिसकी अपनी आत्मा का हनन किया गया है?**

**और उस पर तुम मुकदमा कैसे चलाओगे जो आचरण में धोखेबाज और जालिम है लेकिन जो खुद सन्त्रस्त और अत्याचार पीड़ित है?**

**और तुम उसे कैसे सजा दोगे जिसका पश्चात्ताप पहले ही उसके दुष्कृत्यों से अधिक है?**

**और क्या यह पश्चात्ताप ही उस कानून का दिया हुआ न्याय नहीं है जिसका पालन करने का प्रयास तुम भी करते रहते हो?**

समाज में न्यायिक-तंत्र पर अनेकानेक कारणों से नाना प्रकार के सवालिया निशान उठाए जाने लगे हैं। आचार्य अक्षपाद गौतम जिन्होंने तीसरी शती ईसा पूर्व न्याय-सूत्रों की रचना की, उनकी वर्तमान सन्तानों के सम्मुख आज यह बहुत बड़ी चुनौती है कि वे समाज में उनके योग्य उत्तराधिकारी के रूप में पहचाने जाएँ। न्याय-पथ पर चलनेवाले बहुत से अधिवक्ता सामाजिक हित के यज्ञ में आहुति देने की इच्छा से कई मामलों में *प्रो बोनो* (निःस्वार्थ भाव से) कार्य करने की लगन और तत्परता रखते हैं। इस पुण्य यज्ञ में सभी की मन से सहभागिता अनिवार्य है।

न्यायप्रिय न्यायाधीशों का उत्तरदायित्व तो सम्भवतः योगियों से भी कठिन है। महाभारत के *भीष्मपर्व सर्ग* में वेदव्यास जी ने योगी के गुणों की व्याख्या करते हुए कहा है—

**ज्ञान-विज्ञान तश्प्तात्मा कूटस्थो विजितेन्द्रियः**
**युक्त इत्युच्यते योगी समलोष्टाश्मकांचनः॥**

जो ज्ञान और विज्ञान से तृप्त हो चुका है, जो सबसे उच्च स्थान में भी स्थिर बना रहे, जो जितेन्द्रिय है तथा जिसकी दृष्टि में मिट्टी, पत्थर और सोना समान हैं, उस यात्री का योग हुआ ऐसा कहते हैं। न्यायाधीश के पद की गरिमा वेदव्यास जी की इस सुन्दर परिभाषा से भी उज्ज्वल है। गरुड़पुराण में अंकित है—

**व्रतानां सत्यमुत्तमम्।**

अर्थात् व्रतों में सत्य सर्वोत्तम है। न्यायाधीश की कुर्सी की तो आत्मा ही मुंडकोपनिषद् के सूत्र-वाक्य, *सत्यमेव जयति नानृतम्* से ओत-प्रोत है। सचमुच, इस पवित्र स्याही में लिखे हर अक्षर से सत्य ही विजयी होता है, असत्य नहीं!

किसी ने ठीक ही कहा है—कहानी अपने समय का जीता-जागता दस्तावेज है! उसमें समय की तेज धारा सदा के लिए कैद हो

जाती है, जैसे कि कैमरे से निकली वह फोटो, जिसके माध्यम से हम कितने ही साल पहले की दुनिया में लौट सकते हैं। इस संग्रह में संकलित कहानियाँ भी बीते सौ सालों की अमूर्त निधि हैं, जिनमें कथा और कथाकारों के माध्यम से समाज की, न्याय-तंत्र के प्रति समझ को टटोला जा सकता है। इन कहानियों में जिस अनहद की अनुगूँज सुनाई देती है, उनमें प्रेमचन्द कृत पहली कहानी में न्यायाधीश समतुल्य गम्भीर पद पर आसीन **पंच परमेश्वर** के स्वभावगत गुणों की निनाद है, जिसमें दोस्त दोस्त नहीं रहता, दुश्मन दुश्मन नहीं और सिर्फ न्याय की ही जीत होती है; दूसरी कहानी विश्वम्भरनाथ शर्मा 'कौशिक' रचित **फाँसी** में दंड-संहिता में सुधार लाने तथा मृत्यु-दंड पर रोक लगाने की मुहिम है ताकि गलत न्यायिक निर्णय को बदल सकने की सम्भावना जिन्दा बनी रहे; तीसरी कहानी विष्णु प्रभाकर कृत **जज का फैसला** में न्यायाधीश के सामने उपजनेवाली वह विकट धर्मसंकट-भरी स्थिति है, जिसमें उसे न सिर्फ बुद्धि, बल्कि अन्तरात्मा से निर्णय लेने की आवश्यकता है; चौथी कहानी विद्यासागर नौटियाल जी की लिखी **मुलज़िम अज्ञात** में उस न्याय-व्यवस्था पर भारी कटाक्ष है जो डकैती से गुजरे सीधे-सादे ग्रामीण को राहत देने के बजाय उसी की नाक में दम कर देती है, जिसमें समूची न्यायिक व्यवस्था तो दोषी होती ही है, इस व्यूह में फँस चुके मुख्य पात्र के गाँव का साथी भी उतना ही गुनहगार होता है; अगली कहानी हृदयेश रचित **घड़ियाल** का केन्द्रबिन्दु न्याय-तंत्र से जुड़ी व्यवस्था में दिन-दहाड़े हो रहा व्यभिचार है जिससे वर्तमान पुरुष-प्रधान भारतीय समाज में हर स्त्री भयाकुल और सहमी हुई है; छठी कहानी दयानन्द पांडेय की **वकील साहब की किताब** है, जिसमें एक छोटे शहर का समझदार, नेक-दिल वकील कानूनी दाँव-पेच लगाकर पुलिसवालों के अत्याचार को घुटने टेकने के लिए मजबूर कर देता है; सातवीं कहानी ओड़िया कथाकार पदमज पाल की **साक्षी** है, जिसमें गवाह के कठघरे में खड़े आम आदमी के साथ होनेवाली ज्यादतियों का वर्णन है लेकिन साथ ही साक्षी बने हर नागरिक से

हर कीमत पर सच बोलने की गुहार है, साथ ही अपने से ऊपर उठकर न्याय के पक्ष में कुर्बानी देनी पड़े तो कदम वापस न खिंचने की चेतना है; आखिरी कहानी उदय प्रकाश की **असली मोहनदास कौन** है, जिसमें भ्रष्ट समाज ने छल-कपट से प्रतिभाशाली मोहनदास की पूरी पहचान ही चुरा ली है। अपेक्षित वर्ग-समुदाय का यह सीधा-सादा इनसान यूनिवर्सिटी का टॉपर होने के बावजूद इस आइडेंटिटी-थेफ्ट से त्रस्त होकर दर-दर की ठोकरें खाने के लिए मजबूर हो गया है। आशा-निराशा की लहरों के बीच दो जून सूखी रोटी के लिए तरस रहा उसका समूचा परिवार कैसे किस-किस त्रासदी से गुजरता है और कानून के रखवाले कैसे मोहनदास को उसका मूल

अधिकार दिलाने की कोशिश करते हैं, यह कथा वर्तमान समाज में राजा बने दुश्चरित्र सामाजिक ठेकेदारों, भ्रष्ट पुलिस, कुप्रशासन और समूची न्याय-प्रक्रिया को कठघरे में खड़ी कर देती है। लेकिन मायूसी के इन घने काले बादलों में अचानक एक निःस्वार्थ भाव से काम करनेवाले वकील और एक न्याय-परायण निष्ठावान जज के आगमन से आशा की जो नई सुबह जन्म लेती है, उससे हममें से शायद कोई भी उनके प्रति नतमस्तक हुए बगैर नहीं रह सकेगा।

न्याय-तंत्र पर केन्द्रित यह कहानी-संकलन **मिस्टर कानूनवालॉ'ज़ चैम्बर** हिन्दी साहित्य में अपने ढंग का पहला प्रयास है। इसकी रचना का एकमात्र लक्ष्य इस पवित्र पेशे में अन्तर्मन्थन की वर्तमान अनिवार्यता को रेखांकित करना है। समाज किसी भी पेशे, किसी भी व्यवस्था पर अगर सवाल उठाता है, तो उसका प्रतिरोध करने की बजाय उसकी जड़ में जाना और उस ऊजड़-उपजाऊ धरती से प्रेम और विश्वास के खुशबू भरे, अमर पुष्प उत्पन्न करना, इसी सुखद स्वप्न को समर्पित है यह कृति!

# अपूर्व अग्रवाल

जन्म 5 अक्तूबर, 1992

न्याय-शास्त्र के अध्येता, लेखक एवं सम्पादक। नई दिल्ली में जन्म। श्रीराम स्कूल से आरम्भिक शिक्षा पाने के बाद विधि-शास्त्र की शिक्षा कोलकाता की सुविख्यात नेशनल यूनिवर्सिटी ऑफ जूरिडीकल साइंसेज से। हिस्ट्री ऑफ लीगल स्टडीज तथा लिटिगेशन प्रैक्टिस में विशेष अभिरुचि।

बचपन से ही न्याय-शास्त्र की ओर आकर्षित। लोकतांत्रिक समाज में न्याय-शास्त्र सर्वशक्तिमान स्तम्भ है, जो प्रत्येक नागरिक को न्याय दिला सकता है, सत्यमेव जयते का पथ प्रशस्त कर सकता है, इसी मूल प्रेरणा से जीवन की इस शाखा में पदार्पण।

राष्ट्रीय-अन्तर्राष्ट्रीय युवा विचार मंचों पर वैश्विक समस्याओं पर मॉडल यूनाइटेड नेशन्स के तत्त्वावधान में अनेक गोष्ठियों में प्रखर वक्ता तथा अध्यक्षता। देश-विदेश में वाद-विवाद (मूट) कोर्ट में श्रेष्ठ प्रदर्शन। तहलका पत्रिका में 'डिफरेंटली एबल' के सामाजिक अधिकारों तथा संघर्षों पर विशेष स्टोरी। *मनोरमा इयर बुक* में सुखमृत्यु (यूथेनेजिया) पर संक्षिप्तियाँ तथा सह-लेखन।

सम्पर्क : agarwal_92@hotmail.com

मुंशी प्रेमचन्द

# पंच परमेश्वर

जुम्मन शेख और अलगू चौधरी में गाढ़ी मित्रता थी। साझे में खेती होती थी। कुछ लेन-देन में भी साझा था। एक को दूसरे पर अटल विश्वास था। जुम्मन जब हज करने गए थे, तब अपना घर अलगू को सौंप गए थे, और अलगू जब कभी बाहर जाते, तो जुम्मन पर अपना घर छोड़ देते थे। उनमें न खान-पान का व्यवहार था, न धर्म का नाता, केवल विचार मिलते थे। मित्रता का मूलमंत्र भी यही है।

इस मित्रता का जन्म उसी समय हुआ, जब दोनों मित्र बालक ही थे; और जुम्मन के पूज्य पिता, जुमराती, उन्हें शिक्षा प्रदान करते थे। अलगू ने गुरु जी की बहुत सेवा की थी, खूब रकाबियाँ माँजी, खूब प्याले धोए। उनका हुक्का एक क्षण के लिए भी विश्राम न लेने पाता था, क्योंकि प्रत्येक चिलम अलगू को आध घंटे तक किताबों से अलग कर देती थी। अलगू के पिता पुराने विचारों के मनुष्य थे। उन्हें शिक्षा की अपेक्षा गुरु की सेवा-शुश्रूषा पर अधिक विश्वास था। वह कहते थे कि विद्या पढ़ने से नहीं आती; जो कुछ होता है गुरु के आशीर्वाद से। बस, गुरु जी की कृपा-दृष्टि चाहिए। अतएव यदि अलगू पर जुमराती शेख के आशीर्वाद अथवा सत्संग का कुछ फल न हुआ, तो यह मानकर संतोष कर लेगा कि विद्योपार्जन में मैंने यथाशक्ति कोई बात उठा नहीं रखी, विद्या उसके भाग्य ही में न थी, तो कैसे आती?

मगर जुमराती शेख स्वयं आशीर्वाद के कायल न थे। उन्हें अपने सोटे पर अधिक भरोसा था, और उसी सोटे के प्रताप से आज आस-पास के गाँवों में जुम्मन की पूजा होती थी। उनके लिखे हुए रेहननामे या बैनामे पर कचहरी

का मुहर्रिर भी कलम न उठा सकता था। हलके का डाकिया, कांस्टेबिल और तहसील का चपरासी – सब उनकी कृपा की आकांक्षा रखते थे। अतएव अलगू का मान उनके धन के कारण था, तो जुम्मन शेख अपनी अनमोल विद्या से ही सबके आदरपात्र बने थे।

जुम्मन शेख की एक बूढ़ी खाला (मौसी) थी। उसके पास कुछ थोड़ी-सी मिल्कियत थी; परन्तु उसके निकट सम्बन्धियों में कोई न था। जुम्मन ने लम्बे-चौड़े वादे करके वह मिल्कियत अपने नाम लिखवा ली थी। जब तक दानपत्र की रजिस्ट्री न हुई थी, तब तक खालाजान का खूब आदर-सत्कार किया गया। उन्हें खूब स्वादिष्ट पदार्थ खिलाए गए। हलवे-पुलाव की वर्षा-सी की गई; पर रजिस्ट्री की मोहर ने इन खातिरदारियों पर भी मानो मुहर लगा दी। जुम्मन की पत्नी करीमन रोटियों के साथ कड़वी बातों के कुछ तेज, तीखे सालन भी देने लगी। जुम्मन शेख भी निष्ठुर हो गए। अब बेचारी खालाजान को प्रायः नित्य ही ऐसी बातें सुननी पड़ती थीं।

बुढ़िया न जाने कब तक जिएगी! दो-तीन बीघे ऊसर क्या दे दिया, मानो मोल ले लिया है! बघारी दाल के बिना रोटियाँ नहीं उतरतीं! जितना रुपया इसके पेट में झोंक चुके, उतने से तो अब तक गाँव मोल ले लेते!

कुछ दिन खालाजान ने सुना और सहा; पर जब न सहा गया तब जुम्मन से शिकायत की। जुम्मन ने स्थानीय कर्मचारी—गृहस्वामी—के प्रबन्ध में दखल देना उचित न समझा। कुछ दिन तक और यों ही रो-धोकर काम चलता रहा। अन्त में एक दिन खाला ने जुम्मन से कहा—"बेटा! तुम्हारे साथ मेरा निर्वाह न होगा। तुम मुझे रुपए दे दिया करो, मैं अपना पका-खा लूँगी।"

जुम्मन ने धृष्टता के साथ उत्तर दिया—"रुपए क्या यहाँ फलते हैं?"

खाला ने नम्रता से कहा—"मुझे कुछ रूखा-सूखा चाहिए भी कि नहीं?"

जुम्मन ने गम्भीर स्वर से जवाब दिया—"तो कोई यह थोड़े ही समझा था कि तुम मौत से लड़कर आई हो?"

खाला बिगड़ गईं, उन्होंने पंचायत करने की धमकी दी। जुम्मन हँसे, जिस तरह कोई शिकारी हिरन को जाल की तरफ जाते देखकर मन ही मन हँसता है। वह बोले—"हाँ, जरूर पंचायत करो। फैसला हो जाय। मुझे भी यह रात-दिन की खट-खट पसन्द नहीं।"

पंचायत में किसकी जीत होगी, इस विषय में जुम्मन को कुछ भी सन्देह न था। आस-पास के गाँवों में ऐसा कौन था, जो उसके अनुग्रहों का ऋणी न हो; ऐसा कौन था, जो उसको शत्रु बनाने का साहस कर सके? किसमें इतना बल था, जो उसका सामना कर सके? आसमान के फरिश्ते तो पंचायत करने आवेंगे नहीं!

इसके बाद कई दिन तक बूढ़ी खाला हाथ में एक लकड़ी लिये आस-पास के गाँवों में दौड़ती रहीं। कमर झुककर कमान हो गई थी। एक-एक पग चलना दूभर था; मगर बात आ पड़ी थी। उसका निर्णय करना जरूरी था।

बिरला ही कोई भला आदमी होगा, जिसके सामने बुढ़िया ने दुख के आँसू न बहाए हों। किसी ने तो यों ही ऊपरी मन से हूँ-हाँ करके टाल दिया, और किसी ने इस अन्याय पर जमाने को गालियाँ दीं! कहा—कब्र में पाँव लटके हुए हैं, आज मरे कल दूसरा दिन; पर हवस नहीं मानती। अब तुम्हें क्या चाहिए? रोटी खाओ और अल्लाह का नाम लो। तुम्हें अब खेती-बारी से क्या काम है? कुछ ऐसे सज्जन भी थे, जिन्हें हास्य-रस के रसास्वादन का अच्छा अवसर मिला। झुकी हुई कमर, पोपला मुँह, सन के-से बाल—इतनी सामग्री एकत्र हो, तब हँसी क्यों न आवे? ऐसे न्यायप्रिय, दयालु, दीन-वत्सल पुरुष बहुत कम थे, जिन्होंने उस अबला के दुखड़े को गौर से सुना हो और उसको सान्त्वना दी हो। चारों ओर से घूम-घामकर बेचारी अलगू चौधरी के पास आई। लाठी पटक दी और दम लेकर बोली—"बेटा, तुम भी दम भर के लिए मेरी पंचायत में चले आना।"

अलगू—"मुझे बुलाकर क्या करोगी? कई गाँव के आदमी तो आवेंगे ही!"

खाला—"अपनी विपद् तो सबके आगे रो आई। अब आने न आने का अख्तियार उनको है।"

अलगू—"यों आने को आ जाऊँगा; मगर पंचायत में मुँह न खोलूँगा।"

खाला—"क्यों बेटा?"

अलगू—"अब इसका क्या जवाब दूँ? अपनी खुशी। जुम्मन मेरा पुराना मित्र है। उससे बिगाड़ नहीं कर सकता।"

खाला—"बेटा, क्या बिगाड़ के डर से ईमान की बात न कहोगे?"

हमारे सोए हुए धर्म-ज्ञान की सारी सम्पत्ति लुट जाए, तो उसे खबर नहीं होती, परन्तु ललकार सुनकर वह सचेत हो जाता है। फिर उसे कोई जीत नहीं सकता। अलगू इस सवाल का कोई उत्तर न दे सका, पर उसके हृदय में ये शब्द

गूँज रहे थे–

'क्या बिगाड़ के डर से ईमान की बात न कहोगे?'

सन्ध्या समय एक पेड़ के नीचे पंचायत बैठी। शेख जुम्मन ने पहले से ही फर्श बिछा रखा था। उन्होंने पान, इलायची, हुक्के-तम्बाकू आदि का प्रबन्ध भी किया था। हाँ, वह स्वयं अलबत्ता अलगू चौधरी के साथ जरा दूर पर बैठे हुए थे। जब पंचायत में कोई आ जाता था, तब दबे हुए सलाम से उसका स्वागत करते थे। जब सूर्य अस्त हो गया और चिड़ियों की कलरवयुक्त पंचायत पेड़ों पर बैठी, तब यहाँ भी पंचायत शुरू हुई। फर्श की एक-एक अंगुल जमीन भर गई; पर अधिकांश दर्शक ही थे। निमंत्रित महाशयों में से केवल वे ही लोग पधारे थे, जिन्हें जुम्मन से अपनी कुछ कसर निकालनी थी। एक कोने में आग सुलग रही थी। नाई ताबड़तोड़ चिलम भर रहा था। यह निर्णय करना असम्भव था कि सुलगते हुए उपलों से अधिक धुआँ निकलता था या चिलम के दमों से। लड़के इधर-उधर दौड़ रहे थे। कोई आपस में गाली-गलौज करते और कोई रोते थे।

चारों तरफ कोलाहल मच रहा था। गाँव के कुत्ते इस जमाव को भोज समझकर झुंड के झुंड जमा हो गए थे।

पंच लोग बैठ गए, तो बूढ़ी खाला ने उनसे विनती की—

"पंचों, आज तीन साल हुए, मैंने अपनी सारी जायदाद अपने भानजे जुम्मन के नाम लिख दी थी। इसे आप लोग जानते ही होंगे। जुम्मन ने मुझे ता-हयात रोटी-कपड़ा देना कबूल किया। साल भर तो मैंने इसके साथ रो-धोकर काटा, पर अब रात-दिन का रोना नहीं सहा जाता। मुझे न पेट की रोटी मिलती है, न तन का कपड़ा। बेकस-बेवा हूँ। कचहरी-दरबार नहीं कर सकती। तुम्हारे सिवा और किसको अपना दुख सुनाऊँ? तुम लोग जो राह निकाल दो, उसी राह पर चलूँ। अगर मुझमें कोई ऐब देखो, तो मेरे मुँह पर थप्पड़ मारो। जुम्मन में बुराई देखो, तो उसे समझाओ, क्यों एक बेकस की आह लेता है! मैं पंचों का हुक्म सिर-माथे पर चढ़ाऊँगी।"

रामधन मिश्र, जिनके कई असामियों को जुम्मन ने अपने गाँव में बसा लिया था, बोले—"जुम्मन मियाँ, किसे पंच बदते हो? अभी से इसका निपटारा कर लो। फिर जो कुछ पंच कहेंगे, वही मानना पड़ेगा।"

जुम्मन को इस समय सदस्यों में विशेषकर वे ही लोग दीख पड़े, जिनसे किसी न किसी कारण उनका वैमनस्य था। जुम्मन बोले—"पंचों का हुक्म अल्लाह का हुक्म है। खालाजान जिसे चाहें, उसे बदें। मुझे कोई उज्र नहीं।"

खाला ने चिल्लाकर कहा—"अरे अल्लाह के बन्दे! पंचों का नाम क्यों नहीं बता देता? कुछ मुझे भी तो मालूम हो।"

जुम्मन ने क्रोध से कहा—"अब इस वक्त मेरा मुँह न खुलवाओ। तुम्हारी बन पड़ी है, जिसे चाहो, पंच बदो।"

खालाजान जुम्मन के आक्षेप को समझ गईं, वह बोलीं—"बेटा, खुदा से डरो, पंच न किसी के दोस्त होते हैं, न किसी के दुश्मन। कैसी बात कहते हो! और तुम्हारा किसी पर विश्वास न हो, तो जाने दो; अलगू चौधरी को तो मानते हो? लो, मैं उन्हीं को सरपंच बदती हूँ।"

जुम्मन शेख आनन्द से फूल उठे, परन्तु भावों को छिपाकर बोले—"अलगू ही सही, मेरे लिए जैसे रामधन वैसे अलगू।"

अलगू इस झमेले में फँसना नहीं चाहते थे। वे कन्नी काटने लगे। बोले—"खाला, तुम जानती हो कि मेरी जुम्मन से गाढ़ी दोस्ती है।"

खाला ने गम्भीर स्वर में कहा—"बेटा, दोस्ती के लिए कोई अपना ईमान नहीं बेचता। पंच के दिल में खुदा बसता है। पंचों के मुँह से जो बात निकलती है,

वह खुदा की तरफ से निकलती है।"

अलगू चौधरी सरपंच हुए। रामधन मिश्र और जुम्मन के दूसरे विरोधियों ने बुढ़िया को मन में बहुत कोसा।

अलगू चौधरी बोले—"शेख जुम्मन! हम और तुम पुराने दोस्त हैं! जब काम पड़ा, तुमने हमारी मदद की है और हम भी जो कुछ बन पड़ा, तुम्हारी सेवा करते रहे हैं; मगर इस समय तुम और बूढ़ी खाला, दोनों हमारी निगाह में बराबर हो। तुमको पंचों से जो कुछ अर्ज करनी हो, करो।"

जुम्मन को पूरा विश्वास था कि अब बाजी मेरी है। अलगू यह सब दिखावे की बातें कर रहा है। अतएव शान्त-चित्त होकर बोले—"पंचो, तीन साल हुए, खालाजान ने अपनी जायदाद मेरे नाम हिब्बा कर दी थी। मैंने उन्हें ता-हयात खाना-कपड़ा देना कबूल किया था। खुदा गवाह है, आज तक मैंने खालाजान को कोई तकलीफ नहीं दी। मैं उन्हें अपनी माँ के समान समझता हूँ। उनकी खिदमत करना मेरा फर्ज है; मगर औरतों में जरा अनबन रहती है, उसमें मेरा क्या बस है? खालाजान मुझसे माहवार खर्च अलग माँगती हैं। जायदाद जितनी है, वह पंचो से छिपी नहीं। उससे इतना मुनाफा नहीं होता है कि माहवार खर्च दे सकूँ। इसके अलावा हिब्बानामे में माहवार खर्च का कोई जिक्र नहीं। नहीं तो मैं भूलकर भी इस झमेले में न पड़ता। बस, मुझे यही कहना है। आइन्दा पंचों का अख्तियार है, जो फैसला चाहें, करें।"

अलगू चौधरी को हमेशा कचहरी से काम पड़ता था। अतएव वह पूरा कानूनी आदमी था। उसने जुम्मन से जिरह शुरू की। एक-एक प्रश्न जुम्मन के हृदय पर हथौड़े की चोट की तरह पड़ता था। रामधन मिश्र इन प्रश्नों पर मुग्ध हुए जाते थे।

जुम्मन चकित थे कि अलगू को क्या हो गया! अभी यह अलगू मेरे साथ बैठा हुआ कैसी-कैसी बातें कर रहा था! इतनी ही देर में ऐसी कायापलट हो गई कि मेरी जड़ खोदने पर तुला हुआ है। न मालूम कब की कसर यह निकाल रहा है? क्या इतने दिनों की दोस्ती कुछ भी काम न आवेगी?

जुम्मन शेख तो इसी संकल्प-विकल्प में पड़े हुए थे कि इतने में अलगू ने फैसला सुनाया—

"जुम्मन शेख! पंचों ने इस मामले पर विचार किया। उन्हें यह नीति-संगत मालूम होता है कि खालाजान को माहवार खर्च दिया जाय। हमारा विचार है कि खाला की जायदाद से इतना मुनाफा अवश्य होता है कि माहवार खर्च दिया जा सके। बस, यही हमारा फैसला है, अगर जुम्मन को खर्च देना मंजूर न हो, तो हिब्बानामा रद्द समझा जाय।"

यह फैसला सुनते ही जुम्मन सन्नाटे में आ गए। जो अपना मित्र हो, वह शत्रु का व्यवहार करे और गले पर छुरी फेरे, इसे समय के हेर-फेर के सिवा और क्या कहें? जिस पर पूरा भरोसा था, उसने समय पड़ने पर धोखा दिया। ऐसे ही अवसरों पर झूठे-सच्चे मित्रों की परीक्षा की जाती है। यही कलियुग की दोस्ती है। अगर लोग ऐसे कपटी-धोखेबाज न होते, तो देश में आपत्तियों का प्रकोप क्यों होता? यह हैजा-प्लेग आदि व्याधियाँ दुष्कर्मों के ही दंड हैं।

मगर रामधन मिश्र और अन्य पंच अलगू चौधरी की इस नीति-परायणता की प्रशंसा जी खोलकर कर रहे थे। वे कहते थे—इसका नाम पंचायत है! दूध का दूध और पानी का पानी कर दिया। दोस्ती, दोस्ती की जगह है, किन्तु धर्म का पालन करना मुख्य है। ऐसे ही सत्यवादियों के बल पर पृथ्वी ठहरी है, नहीं तो वह कब की रसातल को चली जाती।

इस फैसले ने अलगू और जुम्मन की दोस्ती की जड़ हिला दी। अब वे साथ-साथ बातें करते नहीं दिखाई देते। इतना पुराना मित्रता-रूपी वृक्ष सत्य का एक झोंका भी न सह सका। सचमुच, वह बालू की ही जमीन पर खड़ा था।

उनमें अब शिष्टाचार का अधिक व्यवहार होने लगा। वे एक दूसरे की आवभगत ज्यादा करने लगे। वे मिलते-जुलते थे, मगर उसी तरह, जैसे तलवार से ढाल मिलती है।

जुम्मन के चित्त में मित्र की कुटिलता आठों पहर खटका करती थी। उसे हर घड़ी यही चिन्ता रहती थी कि किसी तरह बदला लेने का अवसर मिले।

अच्छे कामों की सिद्धि में बड़ी देर लगती है; पर बुरे कामों की सिद्धि में यह बात नहीं होती। जुम्मन को भी बदला लेने का अवसर जल्द ही मिल गया। पिछले साल अलगू चौधरी बटेसर से बैलों की एक बहुत अच्छी गोई मोल लाए थे। बैल पछाँही जाति के सुन्दर, बड़े-बड़े सींगों वाले थे। महीनों तक आस-पास के गाँव के लोग दर्शन करते रहे।

दैवयोग से जुम्मन की पंचायत के एक महीने के बाद इस जोड़ी का एक बैल मर गया। जुम्मन ने दोस्तों से कहा—यह दगाबाजी की सजा है। इनसान सब्र भले ही कर जाय, पर खुदा नेक-बद सब देखता है। अलगू को सन्देह हुआ कि जुम्मन ने बैल को विष दिला दिया है। चौधराइन ने भी जुम्मन पर ही इस दुर्घटना का दोषारोपण किया। उसने कहा—"जुम्मन ने कुछ कर-करा दिया है।" चौधराइन और करीमन में इस विषय पर एक दिन खूब ही वाद-विवाद हुआ। दोनों देवियों ने शब्द-बाहुल्य की नदी बहा दी। व्यंग्य, वक्रोक्ति, अन्योक्ति और उपमा आदि अलंकारों में बातें हुईं। जुम्मन ने किसी तरह शान्ति स्थापित की। उन्होंने अपनी पत्नी को डाँट-डपटकर समझा दिया। वह उसे उस रणभूमि से हटा भी ले गए।

उधर अलगू चौधरी ने समझाने-बुझाने का काम अपने तर्क-पूर्ण सोटे से लिया।

अब अकेला बैल किस काम का! उसका जोड़ बहुत ढूँढ़ा गया, पर न मिला। निदान यह सलाह ठहरी कि इसे बेच डालना चाहिए। गाँव में एक समझू साहु थे, वह इक्का-गाड़ी हाँकते थे। गाँव के गुड़-घी लादकर मंडी ले जाते, मंडी से तेल, नमक भर लाते, और गाँव में बेचते। इस बैल पर उनका मन लहराया। उन्होंने सोचा, यह बैल हाथ लगे तो दिन-भर में बेखटके तीन खेप हों। आजकल तो एक ही खेप में लाले पड़े रहते हैं। बैल देखा, गाड़ी में दौड़ाया, बाल-भौंरी की पहचान कराई, मोल-तोल किया और उसे लाकर द्वार पर बाँध ही दिया। एक महीने में दाम चुकाने का वादा ठहरा। चौधरी को भी गरज थी ही, घाटे की परवा न की।

समझू साहु ने नया बैल पाया, तो लगे उसे रगेदने। वह दिन में तीन-तीन, चार-चार खेपें करने लगे। न चारे की फिक्र थी, न पानी की, बस खेपों से काम था। मंडी ले गए, वहाँ कुछ सूखा भूसा सामने डाल दिया। बेचारा जानवर अभी दम भी न लेने पाया था कि फिर जोत दिया।

अलगू चौधरी के घर था तो चैन की वंशी बजती थी। बैलराम छठे-छमाहे कभी बहली में जोते जाते थे। खूब उछलते-कूदते और कोसों तक दौड़ते चले जाते थे। वहाँ बैलराम का रातिब था—साफ पानी, दली हुई अरहर की दाल और भूसे के साथ खली, और यही नहीं, कभी-कभी घी का स्वाद भी चखने को मिल जाता था। शाम-सबेरे एक आदमी खरहरे करता, पोंछता और सहलाता था। कहाँ वह सुख-चैन, कहाँ यह आठों पहर की खपत! महीने भर ही में वह पिस-सा गया। इक्के का जुआ देखते ही उसका लहू सूख जाता था। एक-एक पग चलना दूभर था। हड्डियाँ निकल आई थीं; पर था वह पानीदार, मार की बर्दाश्त न थी।

एक दिन चौथी खेप में साहु जी ने दूना बोझ लादा। दिन-भर का थका जानवर, पैर न उठते थे। पर साहु जी कोड़े फटकारने लगे। बस, फिर क्या था, बैल कलेजा तोड़कर चला। कुछ दूर दौड़ा और चाहा कि जरा दम ले लूँ। पर साहु जी को जल्द पहुँचने की फिक्र थी; अतएव उन्होंने कई कोड़े बड़ी निर्दयता से फटकारे। बैल ने एक बार फिर जोर लगाया, पर अबकी बार शक्ति ने जवाब दे दिया। वह धरती पर गिर पड़ा, और ऐसा गिरा कि फिर न उठा।

साहु जी ने बहुत पीटा, टाँग पकड़कर खींचा, नथनों में लकड़ी ठूँस दी, पर कहीं मृतक भी उठ सकता है? तब साहु जी को कुछ शक हुआ। उन्होंने बैल को गौर से देखा, खोलकर अलग किया, और सोचने लगे कि गाड़ी कैसे घर पहुँचे! बहुत चीखे-चिल्लाए, पर देहात का रास्ता बच्चों की आँख की तरह साँझ होते

ही बन्द हो जाता है। कोई नजर न आया। आस-पास कोई गाँव भी न था।

मारे क्रोध के उन्होंने मरे हुए बैल पर और दुर्रे लगाए और कोसने लगे—अभागे! तुझे मरना ही था, तो घर पहुँचकर मरता! ससुरा बीच रास्ते ही में मर रहा!

अब गाड़ी कौन खींचे? इस तरह साहु जी खूब जले-भुने। कई बोरे गुड़ और कई पीपे घी उन्होंने बेचे थे, दो-ढाई सौ रुपए कमर में बँधे थे। इसके सिवा गाड़ी पर कई बोरे नमक के थे, अतएव छोड़कर जा भी न सकते थे। लाचार बेचारे गाड़ी पर ही लेट गए। वहीं रतजगा करने की ठान ली। चिलम पी, गाया। फिर हुक्का पिया। इस तरह साहु जी आधी रात तक नींद को बहलाते रहे।

अपनी जान में तो वह जागते ही रहे, पर पौ फटते ही जो नींद टूटी और कमर पर हाथ रखा, तो थैली गायब! घबराकर इधर-उधर देखा, तो कई कनस्तर तेल भी नदारद! अफसोस में बेचारे ने सिर पीट लिया और पछाड़ खाने लगा। प्रातःकाल रोते-बिलखते घर पहुँचे। सहुआइन ने जब यह बुरी सुनावनी सुनी, तब पहले तो रोई, फिर अलगू चौधरी को गालियाँ देने लगी—"निगोड़े ने ऐसा कुलच्छनी बैल दिया कि जन्म भर की कमाई लुट गई!"

इस घटना को हुए कई महीने बीत गए। अलगू जब अपने बैल के दाम माँगते तब साहु और सहुआइन, दोनों ही झल्लाए हुए कुत्ते की तरह चढ़ बैठते और अंड-बंड बकने लगते—"वाह! यहाँ तो सारे जन्म की कमाई लुट गई, सत्यानास हो गया, इन्हें दामों की पड़ी है! मुर्दा बैल दिया था, उस पर दाम माँगने चले हैं! आँखों में धूल झोंक दी, सत्यानासी बैल गले बाँध दिया, हमें निरा पोंगा ही समझ लिया है! हम भी बनिए के बच्चे हैं, ऐसे बुद्धू कहीं और होंगे! पहले जाकर किसी गड़हे में मुँह धो आओ, तब दाम लेना। न जी मानता हो, तो हमारा बैल खोल ले जाओ। महीना भर के बदले दो महीना जोत लो। और क्या लोगे?"

चौधरी के अशुभचिन्तकों की कमी न थी। ऐसे अवसरों पर वे भी एकत्र हो जाते और साहु जी के बर्राने की पुष्टि करते। परन्तु डेढ़ सौ रुपए से इस तरह हाथ धो लेना आसान न था।

एक बार वह भी गरम पड़े। साहु जी बिगड़कर लाठी ढूँढ़ने घर में चले गए। अब सहुआइन ने मैदान लिया। प्रश्नोत्तर होते-होते हाथापाई की नौबत आ पहुँची। सहुआइन ने घर में घुसकर किवाड़ बन्द कर लिये।

शोरगुल सुनकर गाँव के भलेमानस जमा हो गए। उन्होंने दोनों को समझाया। साहु जी को दिलासा देकर घर से निकाला। वे परामर्श देने लगे कि इस तरह से काम न चलेगा। पंचायत कर लो। जो कुछ तय हो जाय, उसे स्वीकार कर लो। साहु जी राजी हो गए। अलगू ने भी हामी भर ली।

पंचायत की तैयारियाँ होने लगीं। दोनों पक्षों ने अपने-अपने दल बनाने शुरू किए। इसके बाद तीसरे दिन उसी वृक्ष के नीचे पंचायत बैठी। वही सन्ध्या का समय था। खेतों में कौए पंचायत कर रहे थे। विवादग्रस्त विषय था यह कि मटर की फलियों पर उनका कोई स्वत्व है या नहीं, और जब तक यह प्रश्न हल न हो जाय, तब तक वे रखवाले की पुकार पर अपनी अप्रसन्नता प्रकट करना आवश्यक समझते थे। पेड़ की डालियों पर बैठी शुक-मंडली में यह प्रश्न छिड़ा हुआ था कि मनुष्यों को उन्हें बेमुरौवत कहने का क्या अधिकार है, जब उन्हें स्वयं अपने मित्रों से दगा करने में भी संकोच नहीं होता!

पंचायत बैठ गई, तो रामधन मिश्र ने कहा—"अब देरी क्या है? पंचों का चुनाव हो जाना चाहिए। बोलो चौधरी, किस-किस को पंच बदते हो?"

अलगू ने दीन भाव से कहा—"समझू साहु ही चुन लें।"

समझू खड़े हुए और कड़ककर बोले—"मेरी ओर से जुम्मन शेख।"

जुम्मन का नाम सुनते ही अलगू चौधरी का कलेजा धक्-धक् करने लगा, मानो किसी ने अचानक थप्पड़ मार दिया हो। रामधन अलगू के मित्र थे। वह बात को ताड़ गए। पूछा—"क्यों चौधरी, तुम्हें कोई उज्र तो नहीं।"

चौधरी ने निराश होकर कहा—"नहीं, मुझे क्या उज्र होगा!"

अपने उत्तरदायित्व का ज्ञान बहुधा हमारे संकुचित व्यवहारों का सुधारक होता है। जब हम राह भूलकर भटकने लगते हैं तब यही ज्ञान हमारा विश्वसनीय पथ-प्रदर्शक बन जाता है।

पत्र-सम्पादक अपनी शान्ति कुटी में बैठा हुआ कितनी धृष्टता और स्वतंत्रता के साथ अपनी प्रबल लेखनी से मंत्रिमंडल पर आक्रमण करता है; परन्तु ऐसे अवसर आते हैं, जब वह स्वयं मंत्रिमंडल में सम्मिलित होता है। मंडल के भवन

में पग धरते ही उसकी लेखनी कितनी मर्मज्ञ, कितनी विचारशील, कितनी न्याय-परायण हो जाती है! इसका कारण उत्तरदायित्व का ज्ञान है।

नवयुवक युवावस्था में कितना उद्दंड रहता है। माता-पिता उसकी ओर से कितने चिन्तित रहते हैं! वे उसे कुल-कलंक समझते हैं; परन्तु थोड़े ही समय में परिवार का बोझ सिर पर पड़ते ही वह अव्यवस्थित-चित्त उन्मत्त युवक कितना धैर्यशील, कैसा शान्त-चित्त हो जाता है, यह भी उत्तरदायित्व के ज्ञान का फल है।

जुम्मन शेख के मन में भी सरपंच का उच्च स्थान ग्रहण करते ही अपनी जिम्मेदारी का भाव पैदा हुआ। उसने सोचा, मैं इस वक्त न्याय और धर्म के सर्वोच्च आसन पर बैठा हूँ। मेरे मुँह से इस समय जो कुछ निकलेगा, वह देववाणी के सदृश है—और देववाणी में मेरे मनोविकारों का कदापि समावेश न होना चाहिए। मुझे सत्य से जौ भर भी टलना उचित नहीं!

पंचों ने दोनों पक्षों से सवाल-जवाब करने शुरू किए। बहुत देर तक दोनों दल अपने-अपने पक्ष का समर्थन करते रहे। इस विषय में तो सब सहमत थे कि समझू को बैल का मूल्य देना चाहिए। परन्तु दो महाशय इस कारण रियायत करना चाहते थे कि बैल के मर जाने से समझू को हानि हुई। इसके प्रतिकूल दो सभ्य मूल के अतिरिक्त समझू को दंड भी देना चाहते थे, जिससे फिर किसी को पशुओं के साथ ऐसी निर्दयता करने का साहस न हो। अन्त में जुम्मन ने फैसला सुनाया—

"अलगू चौधरी और समझू साहु! पंचों ने तुम्हारे मामले पर अच्छी तरह विचार किया। समझू को उचित है कि बैल का पूरा दाम दें। जिस वक्त उन्होंने बैल लिया, उसे कोई बीमारी न थी। अगर उसी समय दाम दे दिए जाते, तो आज समझू उसे फेर लेने का आग्रह न करते। बैल की मृत्यु केवल इस कारण हुई कि उससे बड़ा कठिन परिश्रम लिया गया और उसके दाने-चारे का कोई अच्छा प्रबन्ध न किया गया।"

रामधन मिश्र बोले—"समझू ने बैल को जान-बूझकर मारा है, अतएव उससे दंड लेना चाहिए।"

जुम्मन बोले—"यह दूसरा सवाल है! हमको इससे कोई मतलब नहीं!"

झगड़ू साहु ने कहा—"समझू के साथ कुछ रियायत होनी चाहिए।"

जुम्मन बोले—"यह अलगू चौधरी की इच्छा पर निर्भर है। यह रियायत करें, तो उनकी भलमनसी।"

अलगू चौधरी फूले न समाए। उठ खड़े हुए और जोर से बोले—"पंच परमेश्वर की जय!"

इसके साथ ही चारों ओर से प्रतिध्वनि हुई—"पंच परमेश्वर की जय!"

प्रत्येक मनुष्य जुम्मन की नीति को सराहता था—इसे कहते हैं न्याय! यह मनुष्य का काम नहीं, पंच में परमेश्वर वास करते हैं, यह उन्हीं की महिमा है। पंच के सामने खोटे को कौन खरा कह सकता है?

थोड़ी देर बाद जुम्मन अलगू के पास आए और उनके गले लिपटकर बोले—"भैया, जब से तुमने मेरी पंचायत की तब से मैं तुम्हारा प्राण-घातक शत्रु बन गया था; पर आज मुझे ज्ञात हुआ कि पंच के पद पर बैठकर न कोई किसी का दोस्त होता है, न दुश्मन। न्याय के सिवा उसे और कुछ नहीं सूझता। आज मुझे विश्वास हो गया कि पंच की जबान से खुदा बोलता है।" अलगू रोने लगे। इस पानी से दोनों के दिलों का मैल धुल गया। मित्रता की मुरझाई हुई लता फिर हरी हो गई।

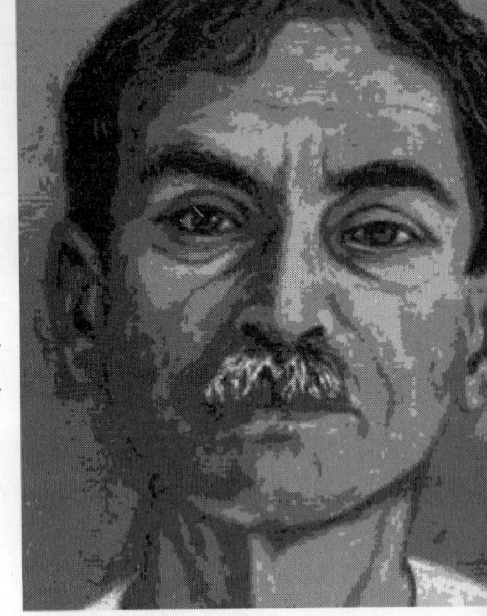

## मुंशी प्रेमचन्द

31 जुलाई, 1880—8 अक्तूबर, 1936

*पंच परमेश्वर* कहानी हिन्दी में पहली बार सन् 1916 में *सरस्वती* में प्रकाशित हुई। उर्दू में यह कहानी *जमाना* के मई-जून 1916 अंक में *पंचायत* शीर्षक से छपी।

बीसवीं सदी के कालजयी साहित्यकार, जिनका कथा-साहित्य न केवल भारत, बल्कि दुनिया के बहुत से देशों में बड़े चाव के साथ पढ़ा जाता है। उनकी अनमोल साहित्यिक धरोहर उनके 15 उपन्यासों, 300 से कुछ अधिक कहानियों, तीन नाटकों, 10 अनूदित कृतियों, सात बाल पुस्तकों तथा हजारों पृष्ठों के लेखों, सम्पादकीय रचनाओं, भाषणों, भूमिकाओं तथा पत्रों में सदैव जीवित रहेगी। सुविख्यात फिल्म निर्देशक सत्यजित रे ने उनके उपन्यास *शतरंज के खिलाड़ी* पर फीचर फिल्म बनाई। *सद्गति* और *सेवा सदन* पर भी फीचर फिल्में बनीं तथा उनका उपन्यास *गोदान* दुनिया के श्रेष्ठतम उपन्यासों में गिना जाता रहेगा।

प्रेमचन्द जी को श्रद्धा-सुमन समर्पित करते हुए पं. हजारीप्रसाद द्विवेदी ने कहा है—"प्रेमचन्द शताब्दियों से पददलित और अपमानित कृषकों की आवाज थे। परदे में कैद, पद-पद पर लांछित और अपमानित असहाय नारी जाति की महिमा के जबर्दस्त वकील थे।" उन्होंने सामाजिक कुरीतियों, अन्धविश्वासों, कुप्रशासन, भ्रष्टाचार, जमींदारी, सम्प्रदायवाद और विदशी हुकूमत के विरुद्ध खुलकर लिखा और हजारों-लाखों देशवासियों के प्रेरणास्रोत बने। उनकी रचनाओं में मानवीय संवेदनाओं, नैतिक-मूल्यों और सामाजिक बुराइयों पर दिल को छूनेवाले सीधे-सरल ईमानदार कथानक साक्षात् जी उठते हैं।

साहित्य का स्वरूप कैसा हो, उसकी कसौटी क्या हो, इस पर अपने विचार प्रस्तुत करते हुए प्रेमचन्द जी ने लिखा है—"हमारी कसौटी पर वही साहित्य खरा उतरेगा जिसमें उच्च चिन्तन हो, स्वाधीनता का भाव हो, सौन्दर्य का सार हो, सृजन की आत्मा हो, जीवन की सच्चाइयों का प्रकाशन हो—जो हममें गति, संघर्ष और बेचैनी पैदा करे...।"

विश्वम्भरनाथ शर्मा 'कौशिक'

# फाँसी

रेवतीशंकर तथा पं. कामताप्रसाद में बड़ी घनिष्ठ मित्रता थी। दोनों एक ही स्कूल तथा एक ही क्लास में वर्षों तक साथ-साथ पढ़े थे। बाबू रेवतीशंकर एक धनसम्पन्न व्यक्ति थे। उनके पिता रियासतदार और जमींदार आदमी थे। पं. कामताप्रसाद मध्यम श्रेणी के व्यक्ति थे। उनके केवल दो मकान थे। एक में वह स्वयं रहते थे, दूसरा तीस रुपए मासिक पर किराए पर उठा हुआ था। पं. कामताप्रसाद के परिवार में केवल चार प्राणी थे। एक तो वह स्वयं, उनकी पत्नी, माता तथा पिता। उनके पिता एक बैंक में हेड क्लर्क थे। पं. कामताप्रसाद लखनऊ मेडिकल कॉलेज से एल.एम.एस. की परीक्षा पास करके आए थे और उन्होंने डॉक्टरी करना शुरू कर दिया था।

पं. कामताप्रसाद अपने छोटे-से औषधालय में बैठे हुए थे। उनके सामने मेज पर सर्जरी (जर्राही) के औजारों का एक बक्स खुला हुआ रखा था। कामताप्रसाद उसमें की एक-एक वस्तु उठा-उठाकर बड़े ध्यानपूर्वक देख रहे थे। इसी समय उनके मित्र रेवतीशंकर आ गए।

रेवतीशंकर ने कुर्सी पर बैठते हुए पूछा—"क्या हो रहा है?"

कामताप्रसाद मुस्कराकर बोले—"कुछ नहीं, कुछ सर्जरी का सामान मँगाया था। वह आज ही आया है। वही देख रहा था।"

रेवतीशंकर भी उन वस्तुओं को देखने लगे। तीन-चार बड़े-बड़े चाकुओं को देखकर रेवतीशंकर बोले—"ये चाकू तो यार बड़े सुन्दर हैं! जी चाहता है, इनमें से एक मैं ले लूँ।"

कामताप्रसाद हँसकर बोले—"तुम क्या करोगे?"

"करूँगा क्या, रखे रहूँगा।"

"यह तो चीर-फाड़ के काम के हैं।"

"हाँ-हाँ, और नहीं तो क्या, इनसे साग-भाजी थोड़े ही कतरी जाएगी!"

"मैंने सोचा कदाचित् तुम इसीलिए चाहते हो!"

कामताप्रसाद ने हँसकर कहा।

"अरे नहीं, ऐसा बेवकूफ मत समझो। मुझे अच्छे मालूम हो रहे हैं, इससे जी ललचा रहा है।"

"तो एक ले लो।"

"तुम्हारा सेट तो खराब न होगा?"

"नहीं, सेट खराब नहीं होगा। मैंने एक चाकू अधिक मँगा लिया था।"

"तब ठीक है।" कहकर रेवतीशंकर ने एक चाकू ले लिया।

"बड़े तेज चाकू हैं।" रेवतीशंकर ने उक्त चाकू की धार पर उँगली फेरकर कहा।

"सर्जरी में तेज ही की आवश्यकता होती है। जितना तेज औजार होगा, ऑपरेशन उतना ही शीघ्र तथा अच्छा होगा।"

रेवतीशंकर चाकू को एक कागज में लपेटकर जेब में रखते हुए बोले—"यदि मुड़नेवाला होता तो बड़ा ही सुन्दर होता!"

"सर्जरी वाले चाकू मुड़ने वाले बहुत कम होते हैं, इतना बड़ा चाकू तो कभी भी मुड़नेवाला नहीं होता।"

"कुछ रोगी-ओगी आने लगे कि नहीं?"

"अभी बैठते हुए दिन ही कितने हुए?"

"एक महीने से अधिक तो हो ही गया होगा!"

"तो फिर? क्या बहुत दिन हो गए?"

"साल-छह महीने में कुछ प्रैक्टिस चमकेगी, अभी तो केवल हाजिरी है।"

"कुछ हर्ज न हो तो आओ चलें घूम आएँ।"

"मुझे काम ही कौन है, चलो चलें। किधर चलोगे?"

"चलो, इधर बाजार की ओर चलें।"

"बाजार की तरफ चलके क्या लोगे! चलना है तो इधर बाहर की ओर चलो! सन्ध्या समय है, खुली वायु का आनन्द लें।"

"बस, तुम तो वही डॉक्टरी की बातें करने लगे! कौन हम रोगी या दुर्बल हैं! यह शिक्षा आप रोगियों के लिए सुरक्षित रखिए।"

"खुली वायु तो सबके लिए लाभदायक है, इसमें रोगी-निरोगी की कौन सी बात है?"

"खैर, इस समय तो बाजार की ओर चलो, फिर देखा जाएगा।"

"अच्छी बात है। जैसी तुम्हारी इच्छा।"

कामताप्रसाद ने औजारों को बक्स में बन्द करके अलमारी में रख दिया और नौकर से बोले—"रामधन, हम घूमने जाते हैं। तुम साढ़े सात बजे बन्द करके

चाबी घर पहुँचा देना।" यह कहकर कामताप्रसाद ने अपनी टोपी उठाई और रेवतीशंकर से बोले—"चलो।"

दोनों व्यक्ति चले और घूमते-फिरते चौक पहुँचे। चौक में प्रविष्ट होते ही रेवतीशंकर ने कहा—"देखिए कितनी रौनक है! जंगल में यह आनन्द कहाँ?"

कामताप्रसाद मुस्कराकर बोले—"निस्संदेह, जंगल में तो यह भीड़भाड़ नहीं मिलेगी।"

"आदमियों की ही तो रौनक होती है! जहाँ आदमी नहीं, वहाँ क्या रौनक हो सकती है!"

"अपनी-अपनी रुचि की बात है। किसी को यह पसन्द है, किसी को वह।"

इसी प्रकार की बातें करते हुए दोनों व्यक्ति मन्द गति से जा रहे थे। हठात् रेवतीशंकर ने कामताप्रसाद का हाथ दबाकर कहा—"जरा ऊपर तो देखो!"

कामताप्रसाद ने ऊपर दृष्टि उठाई। एक छज्जे पर एक वेश्या बैठी हुई थी। वेश्या युवती तथा अत्यन्त सुन्दर थी।

कामताप्रसाद बोले—"यह कौन है? पहले तो इसे कभी नहीं देखा!"

“जान पड़ता है, कहीं बाहर से आई है।”

“अच्छा सौन्दर्य है।”

“क्या बात है—हजारों में एक है!”

“परन्तु किस काम का?”

“क्यों?”

“वेश्या का सौन्दर्य तो उस पुष्प के समान है, जो देखने में तो बड़ा सुन्दर है, परन्तु नीरस तथा निर्गन्ध है।”

“अब लगे फिलॉसफी बघारने, इन्हीं बातों से मुझे नफरत है।”

“झूठ थोड़े ही कहता हूँ।”

“रहने दीजिए, बड़े तत्त्ववक्ता की दुम बने हैं।”

“अच्छा न सही।”

“बोलो चलते हो, पाँच मिनट बैठकर चले आएँगे, परिचय हो जाएगा।”

“अजी, बस रहने भी दो।”

“तुम्हें हमारी कसम, केवल पाँच मिनट के लिए।”

“इस समय जाने दो, फिर किसी दिन सही।”

रेवतीशंकर समझ गए कि कामताप्रसाद की इच्छा तो है, पर ऊपर से साधुता दिखाने के लिए अस्वीकार कर रहे हैं। अतएव उन्होंने कहा—“फिर-फिर का झगड़ा मैं नहीं पालता। तुम जानते हो, मेरे जी में जो आता है वह मैं तत्काल करता हूँ।”

कामताप्रसाद ने कहा—“तो यह कौन सी अच्छी बात है?”

“न सही, पर स्वभाव तो है!”

“कहा मानो, इस समय टाल जाओ।”

“टालनेवाले पर लानत है।”

“ओफ ओह, इतने मुग्ध हो गए। अच्छा लौटते हुए सही, तब तक जरा और अँधेरा हो जाएगा।”

“हाँ, यह मानी।”

दोनों व्यक्ति आगे बढ़ गए और आध घंटे तक इधर-उधर फिरने के पश्चात् लौटे। इस समय तक सात बज चुके थे और यथेष्ट अँधेरा हो चुका था। जब ये दोनों उक्त मकान के नीचे आए तो ठिठक गए। रेवतीशंकर ने एक बार इधर-उधर देखा और खट से जीने पर चढ़ गए। कामताप्रसाद ने भी उनका अनुसरण किया।

इस घटना के पश्चात् एक मास व्यतीत हो गया। रेवतीशंकर उक्त वेश्या के यहाँ स्वच्छन्दतापूर्वक आने-जाने लगे। उनके साथ कामताप्रसाद भी कभी-कभी चले जाते थे।

एक दिन सन्ध्या समय रेवतीशंकर वेश्या के यहाँ पहुँचे। वेश्या ने, जिसका नाम सुन्दरबाई था, रेवतीशंकर से पूछा—"डॉक्टर साहब नहीं आए?"

"हाँ, नहीं आए।"

"वह बहुत कम आते हैं, इसका क्या कारण है?"

"वह मेरे साथ के कारण चले आते हैं। वैसे वह वेश्याओं के यहाँ बहुत कम आते-जाते हैं।"

सुन्दरबाई म्लान मुख होकर मौन हो गई।

रेवतीशंकर ने पूछा, "क्यों, डॉक्टर साहब की याद क्यों आई?"

"डॉक्टर साहब बड़े भले आदमी हैं, मुझे वह बड़े अच्छे लगते हैं।"

रेवतीशंकर के हृदय में ईर्ष्या का बवंडर उठा। उन्होंने पूछा—"उनके आने से तुम्हें कुछ प्रसन्नता होती है?"

"हाँ, अवश्य होती है।"

"और मेरे आने से?"

रेवतीशंकर ने सुन्दरबाई के मुख का भाव देखकर समझ लिया कि वह मिथ्या बोल रही है। उन्होंने कहा—"नहीं, मेरे आने से नहीं होती।"

"क्यों, आप मेरा कुछ छीन लेते हैं क्या?" सुन्दरबाई ने किंचित् मुस्कराकर कहा।

रेवतीशंकर सुन्दरबाई से एक प्रेमपूर्ण उत्तर सुनना चाहते थे, परन्तु जब उसने केवल उपरोक्त बात कहकर मौन धारण कर लिया तो उन्हें बड़ी निराशा हुई। उनके मन में यह शंका उत्पन्न हुई कि कदाचित् सुन्दरबाई डॉक्टर साहब से प्रेम करती है। इस शंका के उत्पन्न होते ही कामताप्रसाद के प्रति उनके हृदय में द्वेष उत्पन्न हुआ। रेवतीशंकर ने उसी समय निश्चय किया कि इस बात की जाँच करनी चाहिए।

उस दिन वह थोड़ी देर बैठकर चले आए।

दूसरे दिन वह कामताप्रसाद के पास पहुँचे।

उनसे उन्होंने कहा—"कल सुन्दरबाई तुम्हें याद कर रही थी।"

कामताप्रसाद ने नेत्र विस्फारित करके मुस्कराते हुए कहा—"मुझे याद कर रही थी?"

"जी, हाँ।"

"भला मुझे वह क्यों याद करने लगी? तुम्हारे होते हुए उसका मुझे याद करना आश्चर्य की बात है।"

रेवतीशंकर शुष्क हँसी के साथ बोले—"क्यों? मुझमें कौन से लाल टँके हैं?"

"लाल क्यों नहीं टँके हैं? तुमसे उसे चार पैसे की आमदनी है, मेरे पास क्या धरा है? तुमने अभी तक उसे सौ-दो सौ दे ही दिए होंगे, मैंने क्या दिया?"

"फिर भी वह तुम्हें याद करती है।"

"इसीलिए याद करती होगी कि उनसे कुछ नहीं मिला, कुछ वसूल करना चाहिए। सो यहाँ वह गुड़ ही नहीं जिसे चींटियाँ खाएँ।"

"खैर, जो कुछ हो, आज तुम मेरे साथ चलो।"

"क्षमा करो।"

"नहीं, आज तो चलना पड़ेगा।"

"भाई साहब, मेरी इतनी हैसियत नहीं जो वेश्याओं के यहाँ जाऊँ, मैं गरीब

आदमी हूँ। यह काम तो तुम्हारे जैसे धनी लोगों का है।"

"तो वह कौन तुमसे रोकड़ माँगती है?"

"माँगे कैसे? जब कुछ गुंजाइश पावे तब तो माँगे! आपकी तरह मैं भी रोज आने-जाने लगूँ तो मुझसे भी सवाल करे।"

"अजी नहीं, यह बात नहीं। अच्छा खैर, आज तो चले चलो।"

"माफ करो।"

"अरे, तो कुछ आज जाने से वह तुम्हारी कुर्की न करा लेगी।"

"नहीं, यह बात नहीं।"

"तो फिर?"

"वैसे ही, जहाँ तक बचूँ अच्छा ही है।"

"आज तो चलना ही पड़ेगा।"

"खैर, तुम जिद करते हो तो चला चलूँगा।"

दोनों सुन्दरबाई के मकान पर पहुँचे। डॉक्टर साहब को देखते ही सुन्दरबाई का मुख खिल उठा। उसने बड़े प्रेमपूर्वक उनका स्वागत किया। रेवतीशंकर सुन्दरबाई के व्यवहार को बड़े ध्यानपूर्वक देख रहे थे।

सुन्दरबाई ने पूछा—"डॉक्टर साहब, आप हमसे कुछ नाराज हैं क्या?"

डॉक्टर साहब ने मुस्कराकर कहा—"नहीं, नाराज होने की कौन सी बात है?"

"तो फिर आते क्यों नहीं?"

"एक तो फुर्सत नहीं मिलती, दूसरे हम गरीबों की पूछ आपके यहाँ कहाँ?"

सुन्दरबाई कुछ लज्जित होकर बोली—"नहीं, आपका यह भ्रम है। हम भी आदमी पहचानते हैं। हर एक आदमी से रंडीपन का व्यवहार काम नहीं देता।"

"आपमें यह विशेषता हो तो मैं कह नहीं सकता, अन्यथा साधारणतया वेश्याओं की यही दशा है कि उनके यहाँ धनी आदमी ही पूछे जाते हैं।"

"नहीं, मेरे सम्बन्ध में आप ऐसा कभी न सोचिएगा।"

"खैर, मुझे यह सुनकर प्रसन्नता हुई कि आपमें यह दोष नहीं है।"

जब तक कामताप्रसाद बैठे रहे, तब तक सुन्दरबाई उन्हीं से बात करती रही। रेवतीशंकर को उसका यह व्यवहार बहुत ही बुरा लगा। एक घंटे पश्चात् कामताप्रसाद बोले—"अब मुझे आज्ञा दीजिए।"

सुन्दरबाई ने कहा—"आया कीजिए।"

"हाँ, आया करूँगा।" यह कहकर रेवतीशंकर से बोले—"चलते हो?"

"तुम जाओ, मैं तो जरा देर बैठूँगा।"

"अच्छी बात है।" कहकर कामताप्रसाद चल दिए।

कामताप्रसाद के जाने के पश्चात् सुन्दरबाई रेवतीशंकर से बोली—"बड़े शरीफ आदमी हैं।"

रेवतीशंकर रुखाई से बोले—"हाँ, क्यों नहीं?"

इसके पश्चात् दोनों कुछ देर तक मौन बैठे रहे। तदुपरान्त रेवतीशंकर सुन्दरबाई के कुछ निकट खिसककर बोले—"सुन्दरबाई, मैं तुमसे कितना प्रेम करता हूँ, यह शायद अभी तुम्हें मालूम नहीं हुआ?"

सुन्दरबाई ने कहा—"यह आपकी कृपा है।"

रेवतीशंकर ने मुँह बनाकर कहा—"केवल इसके कहने से मुझे सन्तोष नहीं हो सकता, प्रेम सदैव प्रतिदान चाहता है।"

"चाहता होगा, मुझे तो अभी तक इसका अनुभव नहीं हुआ।"

"अब होना चाहिए।"

"अपने बस की बात थोड़े ही है!"

"मैं तुम्हारी प्रत्येक अभिलाषा, प्रत्येक इच्छा पूर्ण करने को तत्पर रहता हूँ। फिर भी तुम्हें मेरे प्रेम पर सन्देह है!"

"न मुझे सन्देह है और न विश्वास है। आप मेरी खातिर करते हैं तो मैं भी आपकी खातिर करती हूँ।"

"केवल खातिर करने से मुझे सन्तोष नहीं हो सकता। मैं चाहता हूँ कि जैसे मैं तुमसे प्रेम करता हूँ, वैसे ही तुम भी मुझसे प्रेम करो।"

"यह तो मेरे बस की बात नहीं है।"

"होना चाहिए।"

"चाहिए तो सब कुछ, पर जब हो तब न! वैसे यदि हमारे पेशे की बात पूछिए तो हम हर आदमी से यही कहती हैं कि हम जितना तुमसे प्रेम करती हैं उतना किसी से भी नहीं, परन्तु मेरा यह दस्तूर नहीं है। मैं तो साफ बात कहती हूँ। आप हमारे ऊपर पैसा खर्च करते हैं, हम उसका बदला दूसरे रूप में चुका देती हैं। झगड़ा तय है। रही प्रेम और मुहब्बत की बात, सो यह बात हृदय से सम्बन्ध

रखती है। आपका जोर हमारे शरीर पर है, हृदय पर नहीं।"

रेवतीशंकर चुप हो गए। उन्होंने मन में सोचा—यह निश्चय ही कामताप्रसाद से प्रेम करती है, तभी ऐसी स्पष्ट बातें करती है। यह विचार आते ही उनके हृदय में कामताप्रसाद के प्रति हिंसा का भाव उत्पन्न हुआ। उन्होंने कुछ देर पश्चात् कहा—"शायद तुम्हें आज तक किसी से प्रेम नहीं हुआ!"

सुन्दरबाई हँसकर बोली—"यदि प्रेम हुआ होता तो हम इस तरह बाजार में बैठी होतीं? आप बच्चों की सी बातें करते हैं। हमारे पेशे से और प्रेम से बैर है। जो जिससे प्रेम करता है, वह उसी का होकर रहता है।"

रेवतीशंकर को सुन्दरबाई के इस उत्तर पर यद्यपि विश्वास नहीं हुआ, परन्तु कुछ सान्त्वना अवश्य मिली। उन्होंने कहा—"खैर, मुझसे तो तुम्हें प्रेम करना ही पड़ेगा।"

सुन्दरबाई ने मुस्कराकर कहा—"यदि करना पड़ेगा तो करूँगी, पर जब करूँगी तो हृदय की प्रेरणा से, जबर्दस्ती कोई किसी से प्रेम नहीं करा सकता।"

एक दिन सुन्दरबाई की माता को हैजा हो गया। सुन्दरबाई ने कामताप्रसाद को बुलवाया। कामताप्रसाद ने बड़े परिश्रम से उसे अच्छा किया। चलते समय सुन्दरबाई ने उन्हें फीस देनी चाही। कामताप्रसाद ने फीस लेना अस्वीकार करते हुए कहा—"मैं इतनी बार तुम्हारे यहाँ आया, पान-इलायची खाता रहा, गाना सुनता रहा, मैंने तुम्हें क्या दिया? इसलिए मैं तुमसे फीस नहीं ले सकता।"

उस दिन से कामताप्रसाद का आदर और भी अधिक होने लगा। इधर ज्यों-ज्यों कामताप्रसाद का आदर-सम्मान बढ़ता जाता था, त्यों-त्यों रेवतीशंकर जल-भुनकर राख होते जा रहे थे। वह सोचते थे, मैं इतना रुपया-पैसा खर्च करता हूँ, पर मेरा इतना आदर नहीं होता, जितना कामताप्रसाद का होता है। मेरे जाने पर भी यद्यपि वह मुस्कराकर मेरा स्वागत करती है, पर वह बात नहीं रहती। मुझसे वह कुछ खिंची-सी रहती है।

यह बात वास्तव में सत्य थी। सुन्दरबाई रेवतीशंकर से खिंची रहती थी। इसके दो कारण थे—एक तो रेवतीशंकर उसे पसन्द नहीं था, इस कारण स्वाभाविक खिंचाव था। दूसरे व्यवसाय-नीति के कारण भी कुछ खिंचाव था। सुन्दरबाई को अपने रूप-यौवन पर इतना गर्व तथा विश्वास था कि वह उन लोगों से, जो उस पर मुग्ध होते थे, कुछ खिंचे रहने में ही अधिक लाभ समझती थी। रेवतीशंकर

के सम्बन्ध में उसकी यह नीति सर्वथा लाभप्रद निकली। रेवतीशंकर उसे प्रसन्न करने तथा उसको अपने ऊपर कृपालु बनाने के लिए—केवल कृपालु बनाने के लिए ही नहीं, वरन् अपने प्रति उसके हृदय में प्रेम उत्पन्न करने के लिए—उसकी प्रत्येक आज्ञा शिरोधार्य करने के लिए प्रस्तुत रहते थे। इसके परिणामस्वरूप सुन्दरबाई को उनसे यथेष्ट आय थी।

कामताप्रसाद के प्रति सुन्दरबाई का व्यवहार इसके सर्वथा प्रतिकूल था। सुन्दरबाई तो पहले से ही कामताप्रसाद के सरल स्वभाव, भलमनसाहत, व्यवहार-कुशलता, स्पष्टवादिता आदि गुणों पर मुग्ध थी। कामताप्रसाद सुन्दर भी यथेष्ट थे, उनका पुरुष सौन्दर्य रेवतीशंकर से सैकड़ों गुना अच्छा था। परन्तु सबसे अधिक जिस बात ने सुन्दरबाई पर प्रभाव डाला, वह उसके रूप-यौवन के प्रति कामताप्रसाद की निस्पृहता थी। कामताप्रसाद के किसी हाव-भाव से यह कभी प्रकट न हुआ कि वह सुन्दरबाई पर मुग्ध हैं। सुन्दरबाई के लिए यह एक नवीन और अद्भुत

बात थी। आज तक जितने पुरुष उसके पास आए, वे सब उसकी रूप-ज्योति पर पतंगे की भाँति गिरे। अन्य पुरुषों के समक्ष वह अपनी श्रेष्ठता अनुभव करती थी, परन्तु कामताप्रसाद के समक्ष उसे अपनी श्रेष्ठता का अनुभव न होकर, उन्हीं की श्रेष्ठता का अनुभव होता था। श्रेष्ठता सदैव प्रशंसा तथा आदर प्राप्त करती है। यही कारण था कि सुन्दरबाई का व्यवहार कामताप्रसाद के साथ निष्कपट तथा स्नेहपूर्ण था।

इधर रेवतीशंकर सुन्दरबाई के प्रेम में प्रेमोन्मत्त से हो रहे थे। वह यह चाहते थे कि उनके होते हुए सुन्दरबाई किसी भी पुरुष की ओर न देखे। इधर सुन्दरबाई की यह दशा थी कि जब कभी कामताप्रसाद कई दिनों तक उसके यहाँ न पहुँचते तो वह अस्वस्थ होने का बहाना करके उन्हें बुलवाती थी। उस समय कामताप्रसाद को केवल अपने व्यवसाय की दृष्टि से उसके यहाँ जाना ही पड़ता था।

एक दिन रेवतीशंकर सन्ध्या के पश्चात् जब सुन्दरबाई के यहाँ पहुँचे तो उन्होंने देखा कि सुन्दरबाई कामताप्रसाद के घुटनों पर सिर रखे लेटी है और कामताप्रसाद उसके सिर पर हाथ फेर रहे हैं। यह देखते ही रेवतीशंकर की आँखों के नीचे कुछ क्षणों के लिए अँधेरा छा गया।

उधर उन्हें देखते ही कामताप्रसाद ने शीघ्रतापूर्वक उसका सिर अपने घुटने पर से हटा दिया और रेवतीशंकर की ओर देखकर कुछ झेंपते हुए बोले—“इनके सिर में बड़े जोर का दर्द था, अतएव इन्होंने मुझे बुलवाया। मैंने दवा लगाई है, अब कुछ कम है।”

रेवतीशंकर कामताप्रसाद को सिटपिटाते देख ही चुके थे, अतएव उन्होंने समझा कि कामताप्रसाद केवल बात बना रहे हैं। उन्होंने एक शुष्क मुस्कान के साथ कहा—“आपके हाथ लगें और दर्द कम न हो, यह तो अनहोनी बात है!”

यह कहकर रेवतीशंकर ने सुन्दरबाई पर एक तीव्र दृष्टि डाली। सुन्दरबाई उस दृष्टि को सहन न कर सकी, उसने अपनी आँखें नीची कर लीं।

कामताप्रसाद खड़े होकर सुन्दरबाई से बोले—“तो अब मैं जाता हूँ, तुम थोड़ी देर बाद दवा एक बार और लगा लेना।”

“बैठिए-बैठिए, आपकी उपस्थिति दर्द को दूर करने में बहुत बड़ी सहायता देगी।” रेवतीशंकर ने स्पष्ट व्यंग्य के साथ यह बात कही।

कामताप्रसाद रेवतीशंकर के इस व्यंग्य से कुछ व्यथित होकर बोले—“निस्सन्देह, डॉक्टर से लोग ऐसी ही आशा रखते हैं, यह कोई नई बात नहीं है।” इतना कहकर कामताप्रसाद चल दिए।

उनके चले जाने के बाद रेवतीशंकर ने सुन्दरबाई से कहा—“अब तो साधारण सी बातों में भी डॉक्टर बुलाए जाने लगे!”

सुन्दरबाई ने कहा—“तो फिर, क्या आप यह चाहते हैं जब कोई मृत्युशय्या पर पड़ा हो तभी डॉक्टर बुलाया जाए।”

“नहीं-नहीं, आप जब चाहे बुलाइए, मना कौन करता है!”

“मना कर ही कौन सकता है? मेरा जो जी चाहेगा, करूँगी। मैं किसी की लौंड़ी-बाँदी तो हूँ नहीं।”

रेवतीशंकर होंठ चबाते हुए बोले—“ठीक है, कौन मना कर सकता है।”

इस वाक्य को रेवतीशंकर ने दो-तीन बार कहा।

सहसा रेवतीशंकर का मुख रक्तवर्ण हो गया। आँखें उबल आईं। उन्होंने हाथ बढ़ाकर सुन्दरबाई की कलाई पकड़ ली और दाँत पीसते हुए बोले—“कौन मना कर सकता है? मैं मना कर सकता हूँ, जिसने अपना तन-मन-धन तुम्हारे चरणों पर डाल दिया है।”

सुन्दरबाई अपनी कलाई छुड़ाने की चेष्टा करते हुए बोली—“अज़ी, बस जाइए, ऐसे यहाँ दिन भर में न जाने कितने आते हैं!”

“आते होंगे, परन्तु मैं तुम्हें बता दूँगा कि मैं उन लोगों में नहीं हूँ।”

सुन्दरबाई ने एक झटका देकर अपनी कलाई छुड़ा ली और कर्कश स्वर में बोली—"तुम बेचारे क्या दिखा दोगे! ऐसी धमकी में मैं नहीं आ सकती। चले जाओ यहाँ से बड़े वारिस खाँ बनकर। तुम होते कौन हो? वही कहावत है— मुँह लगाई डोमनी, गावे ताल-बेताल।"

रेवतीशंकर ने कुछ नम्र होकर कहा—"देखो सुन्दरबाई, यह बातें छोड़ दो, इसका परिणाम बुरा होगा।"

"क्या बुरा होगा? तुम कर क्या लोगे? खैरियत इसी में है कि चुपचाप यहाँ से चले जाइए, और आज से यहाँ पैर न धरिएगा, नहीं तो पछताइएगा।"

रेवतीशंकर अप्रतिभ होकर बोले—"अच्छा, यह बात है!"

"जी हाँ, यही बात है। मैं आपकी विवाहिता नहीं हूँ। ये बातें वही सहेगी, मैं नहीं सह सकती। हुँह, अच्छे आए, हम लोग ऐसे किसी एक की होकर रहें तो बस हो चुका।"

रेवतीशंकर कुछ क्षणों तक चुपचाप बैठे होंठ चबाते रहे, तत्पश्चात् एकदम से उठकर खड़े हो गए और बोले—"अच्छी बात है, देखा जाएगा।"

इतना कहकर रेवतीशंकर चल दिए।

इस घटना के एक सप्ताह बाद एक दिन प्रातः शौचादि से निवृत्त होकर कामताप्रसाद चाय पी रहे थे। उसी समय सहसा पुलिस ने उनका घर घेर लिया। एक सब-इंस्पेक्टर उनके घर में घुस आया। उसने आते ही कामताप्रसाद से पूछा—"डॉ. कामताप्रसाद आप ही हैं?"

कामताप्रसाद ने विस्मित होकर कहा—"हाँ, मैं ही हूँ। कहिए?"

सब-इंस्पेक्टर ने कहा—"मैं आपको सुन्दरबाई का खून करने के जुर्म में गिरफ्तार करता हूँ।"

कामताप्रसाद हतबुद्धि होकर बोले—"सुन्दरबाई का खून?"

कामताप्रसाद केवल इतना ही कह पाए, आगे उनके मुँह से एक शब्द भी न निकला।

सब-इंस्पेक्टर ने एक कांस्टेबिल से कहा—"लगाओ हथकड़ी।"

इसके पश्चात् इंस्पेक्टर ने उस कमरे की तलाशी ली और एक कोट तथा कमीज बरामद की। कमीज के दाहिने कफ में खून का दाग लगा हुआ था। इंस्पेक्टर ने उसे देखकर सिर हिलाया। इसके पश्चात् उसने कोट को देखा। कोट

के दो बटन गायब थे। इंस्पेक्टर ने अपनी जेब से एक डिबिया निकाली। डिबिया खोलकर दो बटन निकाले, उन बटनों को कोट के अन्य बटनों से मिलाकर देखा, दोनों बटन अन्य बटनों से आकार-प्रकार में पूर्णतया मिल गए। इंस्पेक्टर ने कहा—"ठीक है।"

उसने कमीज तथा बटन अपने अधिकार में किए। इसी समय कामताप्रसाद के पिता भी आ गए। उन्होंने जो पुत्र के हाथ में हथकड़ी लगी देखी तो घबराकर पूछा—"क्यों, क्या बात है?"

इंस्पेक्टर ने कहा—"कल रात में सुन्दरबाई नामी तवायफ का कत्ल हो गया है। यहाँ कुछ ऐसी चीजें पाई गई हैं, जिनसे यह साबित होता है कि सुन्दरबाई का खून कामताप्रसाद ने किया है। इसलिए इनकी गिरफ्तारी की गई है।"

कामताप्रसाद के पिता कम्पित स्वर से बोले—"नहीं-नहीं, यह असम्भव है।"

सब-इंस्पेक्टर—"हमारी गलती साबित करने के लिए आपको काफी मौका मिलेगा, घबराइए नहीं।"

कामताप्रसाद बोले—"निस्संदेह पिताजी, आप घबराइए नहीं। इसमें कोई विकट रहस्य है। हमें अदालत के सामने काफी मौका मिलेगा।"

सब-इंस्पेक्टर ने अधिक बात करने का अवसर न दिया। कामताप्रसाद को साथ लेकर सीधा उनके दवाखाने पहुँचा।

कामताप्रसाद ने देखा कि उनके दवाखाने पर भी पुलिस का पहरा है।

दवाखाने की चाबी सब-इंस्पेक्टर कामताप्रसाद के घर से ले आया था। अतएव दरवाजा खोला गया। उसकी तलाशी लेकर वह बक्स निकाला गया, जिसमें सर्जरी के औजार थे। वह बक्स भी इंस्पेक्टर ने अपने अधिकार में कर लिया।

नियत समय पर कामताप्रसाद का मुकदमा आरम्भ हुआ। पुलिस की ओर से चार वस्तुएँ पेश की गईं। एक तो वह चाकू जिससे खून किया गया था, कामताप्रसाद का कोट, कमीज और एक रूमाल, जो खून से रँगा हुआ था। सरकारी वकील ने अदालत को वे दोनों बटन दिखाए। ये बटन जिस कमरे में खून हुआ था, उसमें पाए गए थे और दोनों कामताप्रसाद के कोट के बटनों से मिलते-जुलते थे। रूमाल पर उनका ही नाम कढ़ा हुआ था। कमीज के कफ पर खून का दाग था। वह चाकू जिससे हत्या की गई थी, कामताप्रसाद के सर्जरी के औजारों में के अन्य दो चाकुओं से पूर्णतया मेल खाता था।

इसके अतिरिक्त पुलिस की ओर से चार गवाह पेश हुए थे। दो मुसलमान दुकानदार, जिनकी दुकानें सुन्दरबाई के मकान के नीचे ही थीं, सुन्दरबाई की माता, उनकी एक दासी।

नौकरानी ने बयान दिया—"जिस दिन यह वारदात हुई, उस दिन शाम को साढ़े छह बजे के लगभग सुन्दरबाई की माँ नौकर के साथ कहीं गई थीं। मकान पर केवल सुन्दरबाई और मैं रह गई थीं। साढ़े आठ बजे के लगभग डॉक्टर साहब आए। सुन्दरबाई और वह दोनों भीतरी कमरे में बैठे। मैं उस समय भोजन बना रही थी। आधा घंटे बाद मैंने ऐसा शब्द सुना जैसे दो आदमी आपस में लपटा-झपटी कर रहे हों। बीच में एक-आध दफे मैंने डॉक्टर साहब की आवाज सुनी। ऐसा जान पड़ता था कि डॉक्टर साहब सुन्दरबाई को डाँट रहे हैं। इसके थोड़ी देर बाद डॉक्टर साहब बड़ी तेजी के साथ कमरे से निकले और जीने से नीचे उतरकर चले गए। मैं खाना बनाती रही। इसके एक घंटे बाद सुन्दरबाई की माता लौटीं। वह पहले तो अन्दर आईं और मुझसे पूछा—खाना तैयार है? मेरे हाँ कहने पर वह सुन्दरबाई के कमरे की ओर चली गईं। वहाँ जाते उन्होंने हल्ला मचाया, तब मैं दौड़कर गई। नौकर भी दौड़ा। वहाँ जाकर देखा कि सुन्दरबाई का कोई खून कर गया है। मैंने उसी समय सुन्दरबाई की माँ से वह सब कहा जो देखा-सुना था।"

कामताप्रसाद के वकील के जिरह करने पर उसने कहा—“मैं जहाँ खाना बना रही थी, वह जगह सुन्दरबाई के कमरे से थोड़ी दूर है। मैं जहाँ बैठी थी वहाँ से जीने से कमरे में जाता हुआ आदमी दिखाई नहीं पड़ता था। मैंने केवल आवाज से समझा था कि डॉक्टर साहब जा रहे हैं। उनकी तेजी का अनुमान भी मैंने उनके पैरों के शब्द से तथा जीने में उतरने के शब्द से किया था। जिस समय डॉक्टर साहब आए थे, उस समय मैंने उन्हें देखा था। मैं उस समय उधर गई थी। सुन्दरबाई ने एक गिलास पानी माँगा था, वही देने गई थी। डॉक्टर साहब से झगड़ा होने का शब्द सुनकर मैं उधर नहीं गई। हम लोगों को बिना बुलाए जाने की इजाजत नहीं है। डॉक्टर से लपटा-झपटी और झगड़ा होने का शब्द कोई ऐसी बात नहीं थी, जिससे मैं यह आवश्यक समझती कि मैं जाकर देखूँ कि क्या हो रहा है। वेश्याओं के यहाँ ऐसी बातें बहुधा हुआ करती हैं, मेरे लिए वह एक साधारण बात थी। डॉक्टर साहब के जाने के पश्चात् सुन्दरबाई की माँ के आने के समय तक मैं खाना बनाने में इतनी मग्न रही कि मुझे और किसी बात का ध्यान न रहा।”

दोनों मुसलमान दुकानदारों ने अपने बयान में कहा—“हम लोग दुकान बन्द कर रहे थे। उसी वक्त जीने में ऐसी आवाज आई जैसे कोई बड़ी तेजी से उतरता चला आ रहा हो। इसके बाद हमने डॉक्टर को निकलते देखा। यह बड़ी तेजी से एक तरफ चले गए। इनके कपड़े भी तितर-बितर थे। इसके बाद हम लोग दुकान बन्द करके अपने-अपने घर चले गए।”

जिरह में दोनों दुकानदारों ने कहा—“हम डॉक्टर को अच्छी तरह पहचानते हैं। यह अक्सर सुन्दरबाई के घर आया-जाया करते थे। बाजार की रोशनी इनके ऊपर काफी पड़ रही थी। उसमें हमने इन्हें अच्छी तरह देखा था। इसमें किसी शक व शुबहे की गुंजाइश नहीं है।”

सुन्दरबाई की माता ने अपने बयान में कहा—“मैं जिस समय लौटकर आई, उस समय दस बज चुके थे। मैं एक दूसरी वेश्या को, जिससे मेरी मित्रता है, देखने गई थी। वह कई दिन से बीमार थी। मैंने कमरे में जाकर देखा कि सुन्दर चित्त पड़ी है और उसकी छाती में चाकू घुसा हुआ है। इतना ही देखकर मैं एकदम चिल्ला उठी। घर के नौकर तथा नौकरानी दौड़ पड़े। उन्होंने भी देखकर हल्ला मचाया। बाजार में सन्नाटा हो गया था। दो-चार दुकानें खुली थीं। वह भी उस समय बन्द हो रही थीं। हल्ला मचाने के आधा घंटे बाद एक कान्स्टेबिल आया। वह सब देखकर चला गया। उसके एक घंटे बाद कोई बारह बजे दारोगा साहब आए थे।”

जिरह में उसने कहा—"डॉक्टर साहब पहले-पहल हमारे यहाँ अपने एक दोस्त के साथ आए थे। उनका नाम रेवतीशंकर है। वह बड़े आदमी हैं। वह बहुत दिनों हमारे यहाँ आते-जाते रहे। इसके बाद उन्होंने आना-जाना बन्द कर दिया। उन्होंने आना-जाना डॉक्टर के कारण बन्द किया था। हमारे यहाँ उनमें और डॉक्टर में कभी कोई झगड़ा नहीं हुआ। सुन्दरबाई ने एक दिन उनसे गुस्से में कह दिया था कि हमारे घर मत आया करो। इसका कारण यह था कि सुन्दरबाई डॉक्टर को कुछ चाहती थी। मेरा विचार है कि डॉक्टर ने ही उससे कहा होगा कि रेवतीशंकर को मत आने दो। एक दफे डॉक्टर साहब ने मुझे हैजे से बचाया था, तब से हम लोग उन्हीं को बुलाया करते थे। एक बार सुन्दरबाई ने मुझसे कहा था कि डॉक्टर साहब का हृदय बड़ा कठोर है। इनके जी में जरा भी रहम नहीं है। मैंने उससे पूछा कि तुझे कैसे मालूम हुआ, तो इसका उत्तर उसने कुछ नहीं दिया था।"

कामताप्रसाद ने अपने बयान में कहा—"मैं बहुधा सुन्दरबाई के यहाँ जाया करता था, परन्तु बाद में सुन्दरबाई की माँ को हैजे से आराम मिलने पर मैं उनका फैमिली डॉक्टर हो गया, तब से मैं बहुधा जाता था। कुछ दिनों बाद मुझे सुन्दरबाई के व्यवहार से यह सन्देह उत्पन्न हुआ कि वह मुझसे प्रेम करती है। तब मैंने आना-जाना कुछ कम कर दिया था। जब मैं उनका फैमिली डॉक्टर था तब बहुधा बुलाया जाता था। उस दशा में मैं जाने के लिए विवश था। बहुधा सुन्दरबाई झूठ-मूठ अस्वस्थ बन जाती थी और मुझे बुला भेजती थी। इससे मेरा सन्देह पक्का हो गया कि सुन्दरबाई मुझसे प्रेम करती है।

"जिस दिन की यह घटना है, उस दिन मैं आठ बजे के बाद दवाखाना बन्द करके घर जाने लगा तो मेरी इच्छा हुई कि सुन्दरबाई के यहाँ होता चलूँ। मैं उसके यहाँ गया।

"हम दोनों भीतरी कमरे में बैठे। पहले तो इधर-उधर की बातें होती रहीं। इसके पश्चात् सुन्दरबाई ने मुझसे प्रेम की बातें करनी आरम्भ कीं। मैंने उससे कहा कि मुझसे ऐसी बातें मत करो, परन्तु वह न मानी।

"मैंने उसे फिर समझाया। मैंने उससे कहा—मैं अपनी पत्नी से प्रेम करता हूँ। इसके अतिरिक्त मैं किसी और स्त्री से प्रेम नहीं कर सकता। यह कहकर मैं उठकर चलने लगा। सुन्दरबाई मुझसे लिपट गई। मैंने उसे डाँटकर छोड़ देने के लिए कहा, पर वह न मानी। उसने उसी समय मेरी पत्नी के सम्बन्ध में कुछ अपशब्द कहे। उन्हें सुनकर मुझे क्रोध आ गया।

"मैंने उसे अपने से अलग करके जोर से ढकेल दिया। वह पलंग पर गिरी।

उसका सिर पलंग के काठ के तकिए से टकरा गया, जिससे उसके सिर से खून बहने लगा। यह देखकर मेरा डॉक्टरी स्वभाव जाग्रत् हो उठा।

"मैंने झट जेब से रूमाल निकालकर खून पोंछा और घाव को देखा। देखने पर मालूम हुआ कि वह बहुत ही साधारण था, केवल चमड़ा फट गया था।

"जिस समय मैं घाव पोंछ रहा था, उसी समय सुन्दरबाई पुनः मुझसे लिपट गई। तब मैंने वहाँ ठहरना उचित न समझा और अपने को उससे छुड़ाकर मैं तेजी के साथ नीचे सड़क पर आ गया और अपने घर की ओर चला गया।"

चाकू की बाबत प्रश्न किए जाने पर कामताप्रसाद ने कहा—"चाकू मेरे चाकुओं जैसा अवश्य है, परन्तु मेरा नहीं। मैं उसकी बाबत कुछ नहीं जानता। जितने चाकू मेरे बक्स में इस समय मौजूद हैं उतने ही मेरे पास थे, उससे एक भी अधिक नहीं था।"

कामताप्रसाद के इतना कहने पर सरकारी वकील ने अदालत के सामने एक कागज पेश करते हुए कहा—"यह उस कम्पनी का इनवायस (बीजक) है जहाँ से अभियुक्त ने सर्जरी का बक्स मँगवाया था। इनवायस में तीन चाकू लिखे हुए हैं। अभियुक्त केवल दो का होना स्वीकार करता है। यह तीसरा चाकू कहाँ गया? बक्स में इस समय दो ही चाकू मौजूद हैं।"

अदालत ने इनवायस, बक्स तथा जिस चाकू से हत्या की गई थी, उसे देखकर कामताप्रसाद से पूछा—"इनवायस में लिखा हुआ तीसरा चाकू कहाँ है?"

कामताप्रसाद का मुँह बन्द हो गया। उन्हें स्वप्न में भी यह ध्यान नहीं आया कि पुलिस ने दुकान की तलाशी लेते समय इनवायस भी हथिया लिया होगा।

कामताप्रसाद के मुँह से केवल इतना निकला—"मैं निरपराध हूँ, मैंने हत्या नहीं की।"

कामताप्रसाद सेशन सुपुर्द कर दिए गए। कामताप्रसाद के पिता ने उन्हें छुड़ाने की बहुत-कुछ चेष्टा की। इकलौता बेटा फाँसी चढ़ा जाता है, यह विचार उन्हें अपना सर्वस्व तक दे देने के लिए बाध्य किए हुए था। अच्छे से अच्छे वकील जुटाए परन्तु कोई फल न हुआ। कामताप्रसाद के विरुद्ध ऐसे दृढ़ प्रमाण थे कि वकीलों की बहस और खींचातानी ने कोई लाभ नहीं पहुँचाया। सेशन से कामताप्रसाद को फाँसी का हुक्म हो गया।

हाई कोर्ट में अपील की गई, परन्तु वहाँ से भी फाँसी का हुक्म बहाल रहा।

इस समय कामताप्रसाद के माता-पिता की दशा का क्या वर्णन किया जाए! जिसके ऊपर असंख्य आशाएँ निर्भर थीं, जो उनके बुढ़ापे का स्तम्भ था—वह आज उनसे छिना जा रहा है—और सदैव के लिए। उनका घर इस समय श्मशान-तुल्य हो रहा था। कामताप्रसाद की युवती पत्नी, जिसने यौवन में पदार्पण ही किया था, रोते-रोते विक्षिप्त हो गई थी। और क्यों न होती? ऐसे योग्य, सुन्दर, कमाऊ और प्राणों से अधिक प्यारे पति को आँखों के सामने, असमय और जबर्दस्ती मौत के मुख में ढकेला जाता हुआ देखकर कौन पत्नी अपने हृदय को वश में रख सकती है?

फाँसी होने के दो दिवस पहले कामताप्रसाद के माता-पिता तथा उनकी पत्नी उनसे मिलने गई थी। उस समय का वर्णन करना असम्भव है। चारों में से प्रत्येक यह चाहता था कि एक-दूसरे की मूर्ति सदैव के लिए हृदय में धारण कर ले, परन्तु आँसुओं की झड़ी ने आँखों पर ऐसा निष्ठुर पर्दा डाल रखा था कि परस्पर एक-दूसरे भली-भाँति देख भी न सके। हृदय की प्यास हृदय में हिमशिला की

भाँति जमकर रह गई। माता पुत्र को छाती से लगाकर इतना रोई कि बेहोश सी हो गई। उसके बैन सुनकर पाषाण की छाती भी फटती थी। "हाय मेरे लाल, मैंने कैसे-कैसे दुख उठाकर तुझे पाला था! हाय, क्या इसी दिन के लिए पाला था! अरे, चाहे मुझे फाँसी दे दो, पर मेरे लाल को छोड़ दो। हाय, मेरा इकलौता बच्चा है, यह मेरी आँखों का तारा, बुढ़ापे का सहारा है! क्या सरकार के घर में दया नहीं है, क्या लाट साहब के कोई बाल-बच्चा नहीं है? अरे, कोई मुझे उनके सामने पहुँचा दो। मैं अपने आँसुओं से उनका कलेजा पसीज डालूँगी। अरे, मेरा हाथी-सा बच्चा कसाई लिये जाते हैं। अरे, कोई ईश्वर के लिए इसे छुड़ाओ! हाय, मेरा बच्चा जवानी का कोई सुख न देख पाया! हाय, जैसा आया था, वैसा ही जाता है। हाय, इस अभागी बच्ची (पुत्रवधू) की उमर कैसे टेर होगी? अरे राम, तुम इतने क्यों रूठ गए? मैंने पाप किए थे तो मुझे नरक में भेज देते, मेरा बच्चा क्यों छीने लिये जाते हो। अरे, कलेजे में आग लगी है, इसे कोई बुझाओ।"

कहाँ तक लिखा जाए, वह इसी प्रकार की बातों से सुननेवालों का हृदय विदीर्ण कर रही थी। जेलर भी रूमाल से आँखें पोंछ रहा था। पिता सिर झुकाए हुए चुपचाप खड़े थे, परन्तु जिस स्थान पर खड़े थे, वह स्थान आँसुओं से तर हो गया था और कामताप्रसाद की पत्नी, वह बेचारी लज्जा के मारे कुछ बोल नहीं सकती थी। उसके हृदय की आग ऊपर फूट निकलने का मार्ग न पाकर, भीतर ही भीतर कलेजे में फैलकर तन-मन भस्म किए डाल रही थी। अन्त में जब न रहा गया, जब भीतरी आग की गर्मी सहनशक्ति की सीमा पार कर गई, तो लज्जा को तिलांजलि देकर वह एकदम दौड़ पड़ी और पति की छाती से चिपक गई। "हाय मेरे प्राण, मुझे छोड़ कहाँ जाते हो?" केवल यह वाक्य उसके मुख से निकला, उसके पश्चात् वह बेहोश हो गई। उसी बेहोशी की दशा में उसे वहाँ से हटा दिया गया। कामताप्रसाद की आँखों से भी आँसुओं की धारा बह रही थी, परन्तु मुँह बन्द था। मुँह से कोई शब्द न निकले, इसके लिए उन्होंने अपने नीचे के होंठ इतने जोर से दाबे कि खून बहने लगा।

समय अधिक हो जाने के कारण जेलर ने भेंट की समाप्ति चाही। परन्तु कामताप्रसाद के पिता ने कहा—"कृपा कर पाँच मिनट तो और दीजिए, अब तो सदैव के लिए अलग होते हैं।"

जेलर ने कहा—"मेरा वश चले तो मैं आप लोगों को कभी भी अलग न करूँ, नियम से विवश हूँ। खैर, पाँच मिनट और सही।"

कामताप्रसाद की माता और पत्नी दोनों बेहोश हो जाने के कारण हटा दी गई थीं, केवल उनके पिता रह गए थे।

कामताप्रसाद ने कहा—"पिताजी, यह तो आपको विश्वास ही है कि मैं निर्दोष हूँ।"

पिता ने कहा—"क्या कहूँ बेटा, मेरे लिए तू सदैव निर्दोष था।"

कामताप्रसाद—"मैं केवल कुसंगत का शिकार हो गया। कुसंगत में पड़कर न मैं वेश्या के घर जाता, न यह नौबत पहुँचती, खैर, भाग्य में यही बदा था! परन्तु इतना मुझे विश्वास हो गया कि समाज न्याय की ओट में अन्याय भी करता रहता है। न्याय के नियमों को इतना अधिक महत्त्व दिया जाता है कि वह अन्याय की सीमा तक पहुँच जाता है। उन नियमों के लिए मनुष्य की सज्जनता, सच्चरित्रता, उसकी नेकनीयती का कोई मूल्य नहीं। बड़े से बड़े आदमी, अच्छे मनुष्य के साथ उसकी क्षणिक कमजोरी के लिए भी वैसा व्यवहार करते हैं, जैसा कि एक अभ्यस्त अपराधी के साथ। यह न्याय है? यह वह न्याय है, जिसके आँखें और कान हैं, परन्तु मस्तिष्क नहीं है। केवल दो-चार व्यक्तियों के कह देने से और मेरी कुछ वस्तुओं को हत्या-स्थल पर देखकर ही न्याय के ठेकेदार मुझे फाँसी पर लटकाए दे रहे हैं। ईश्वर ऐसे न्याय से समाज की रक्षा करे। खैर, अब एक प्रार्थना यह है कि जरा रेवतीशंकर को मेरे पास भेज देना, उससे भी मिल लूँ। यदि उससे भेंट न होगी तो मेरी आत्मा को शान्ति न मिलेगी।"

दूसरे दिन रेवतीशंकर भी पहुँचा। रेवतीशंकर से बात करते समय कामताप्रसाद ने सबको हटा दिया। जब एकान्त हुआ तो कामताप्रसाद ने रेवतीशंकर की आँखों में आँखें मिलाकर कहा—"रेवतीशंकर, जानते हो मैं किसलिए फाँसी पर चढ़ रहा हूँ?"

इतना सुनते ही रेवतीशंकर का शरीर काँपने लगा। वह आँखें नीची करके बोला ही नहीं।

कामताप्रसाद ने उसका मुँह ऊपर करके कहा—"मेरी ओर देखो, घबराओ नहीं। मैं केवल इसलिए फाँसी पर चढ़ रहा हूँ कि मैंने तुम्हें बचाने की चेष्टा की थी। मैंने अदालत से यह नहीं कहा कि वह तीसरा चाकू कहाँ गया। यद्यपि मुझे याद था कि वह चाकू तुम ले गए थे। मैंने यह भी नहीं कहा कि सुन्दरबाई से मेरे कारण तुम्हारा कई बार झगड़ा हुआ। तुमने उसे धमकी भी दी थी। रेवतीशंकर, मैंने तुम्हें फँसाकर या तुम्हारे ऊपर सन्देह उत्पन्न कराके अपने प्राण बचाना कायरता और मित्रता के प्रति विश्वासघात समझा। यदि मैं पहले ही कह देता कि तीसरा चाकू तुम ले गए थे, तो वह इनवायस की शहादत, जो मेरे लिए मौत का फन्दा हो गई, कभी उत्पन्न न होती। यह मैं मानता हूँ कि मेरे केवल इतना कह देने से कि चाकू तुम ले गए थे, मैं मुक्त न हो जाता! मेरे विरुद्ध अन्य बातें

भी थीं, परन्तु फिर भी मैं ऐसी परिस्थिति उत्पन्न कर सकता था, जिससे कि यह सम्भव था कि मैं छूट जाता। परन्तु मेरे छूटने का अर्थ था तुम्हारा फँसना। न्याय तो एक बलिदान लेता ही, मेरा न लेता तुम्हारा लेता। हम दो के अतिरिक्त तीसरे की कोई गुंजाइश नहीं थी। इसलिए मैं तुम्हारे सम्बन्ध में मौन ही रहा। खैर, जो हुआ सो हुआ, पर अब इतना तो बता दो कि मेरा विचार ठीक है या नहीं?"

रेवतीशंकर कुछ क्षणों तक कामताप्रसाद की ओर देखता रहा, तत्पश्चात् उसने आँखें नीची कर लीं और गर्दन झुकाए हुए, काँपते हुए पैरों से, पिटे हुए कुत्ते की भाँति कामताप्रसाद के सामने से हट आया। कामताप्रसाद ने किंचित् मुस्कराते हुए उस पर जो दृष्टि डाली, वह दृष्टि थी जो एक महात्मा दया के योग्य एक पापी पर डालता है।

कामताप्रसाद को फाँसी दे दी गई।

फाँसी के एक सप्ताह पश्चात् रेवतीशंकर ने विष खाकर आत्महत्या कर ली। उसके कमरे में एक बन्द लिफाफा पाया गया।

उस लिफाफे में से एक पत्र निकला। वह पत्र किसी के नाम नहीं था, केवल साधारण रूप में लिखा गया था। उसमें लिखा था—

**सुन्दरबाई की हत्या कामताप्रसाद ने नहीं, मैंने की थी। सुन्दरबाई ने मेरे प्रेम को ठुकराया था, मेरा हृदय छीनकर दुतकारा था। इसके लिए मैं उसे कभी क्षमा नहीं कर सकता था। मैं उसके प्रेम में पागल था। उसके बिना संसार मेरे लिए शून्य था। जिस दिन उसने मुझे अपने घर आने से रोक दिया, उस दिन से मैं विक्षिप्त-सा हो गया। मैं इस चिन्ता में रहने लगा कि या तो उसे अपना बनाकर छोड़ूँ या फिर उसे दूसरों के लिए इस संसार में न रहने दूँ। मैं उसके मकान का चक्कर काटता रहता था। पर उस दशा में भी मुझमें इतना आत्मगौरव था कि मैं उसके मकान पर नहीं गया। जिस दिन मैंने उसकी हत्या की, उस दिन रात को नौ बजे के लगभग मैं टहलता हुआ उसके मकान के नीचे से निकला। इस अभिप्राय से कि कदाचित् उसकी एक झलक देखने को मिल जाए। मैं उसके मकान के सामने जरा हट के खड़ा हो गया। मुझे खड़े हुए कुछ क्षण हुए थे कि कामताप्रसाद उसके मकान से उतरे। उनका वेश देखकर मेरी आँखों में खून उतर आया। उनके अस्त-व्यस्त कपड़ों से मैंने कुछ और ही समझा। उस विचार के आते ही मेरे शरीर में आग लग गई। मुझे कामताप्रसाद पर जरा भी क्रोध नहीं आया, क्योंकि मैं जानता था कि उन्हें सुन्दरबाई की जरा भी परवाह नहीं। मुझे क्रोध सुन्दरबाई पर आया, वही उनसे प्रेम करती थी। मैं अपने को सँभाल न सका और बिना परिणाम सोचे मैं चुपचाप चोर की तरह सुन्दरबाई के कोठे पर चढ़ गया। ऊपर जाकर मैं बहुत ही दबे पाँव सुन्दरबाई के कमरे में पहुँचा। सुन्दरबाई उस समय पलंग पर लेटी हुई थी। उसके शरीर के कपड़े अस्त-व्यस्त थे। यह**

देखकर मैं क्रोधोन्मत्त हो गया। मैंने जाते ही एकदम से उसका मुँह दाब लिया, जिससे वह हल्ला न मचा सके। मेरे पास एक चाकू था, यह मैंने कामताप्रसाद से उस समय माँग लिया था, जबकि उसका सर्जरी का सेट आया था। उस सेट का एक चाकू मुझे बहुत पसन्द आया था, वह मैंने उनसे माँग लिया। यह चाकू मुझे इतना पसन्द था कि मैं उसे हर समय अपने पास रखता था। वह चाकू निकालकर मैंने उसकी छाती में घुसेड़ दिया, मैं उसका मुँह दाबे था, इससे वह चिल्ला न सकी। जब वह ठंडी हो गई तो मैं उसी प्रकार चुपचाप उतरकर अपने घर चला आया। मुझे किसी ने नहीं देखा था। बाजार की अधिकांश दुकानें उस समय बन्द हो चुकी थीं। मैंने घर आकर अपने खून से भरे कपड़े तुरन्त जला दिए और निश्चिन्त हो गया।

जब मुझे यह पता चला कि कामताप्रसाद फँस गए तो मुझे बहुत दुख हुआ। मैंने उस समय यह नहीं सोचा था कि हत्या का सन्देह किस पर पड़ेगा। मित्र के फँसने पर मुझे कितना पश्चात्ताप और कितना दुख हुआ, उसे मैं ही जानता हूँ। परन्तु मृत्यु का भय, फाँसी पर लटकने के भयानक विचार ने मुझे इतना कायर बना दिया कि मैं अपना अपराध स्वीकार करके कामताप्रसाद को न बचा सका। मैंने कई बार चेष्टा की कि अदालत में जाकर सब बातें कह दूँ, पर फाँसी के अतिरिक्त आजन्म कारावास अथवा कालेपानी की सजा भोगने के लिए मैं सहर्ष प्रस्तुत था परन्तु मृत्यु, ओफ! उसके लिए उस समय मैं प्रस्तुत नहीं था। कामताप्रसाद को फाँसी हो गई। मैंने एक नहीं, दो हत्याएँ कीं।

कामताप्रसाद को यह रहस्य मालूम था। जेल में अन्तिम भेंट होने पर मुझे यह बात मालूम हुई। उस समय भी मैं इसी फाँसी के भय से अपने मित्र से अपने इस गुरुतर पाप के लिए क्षमा न माँग सका। भय ने उस समय भी मेरा मुख बन्द कर दिया था।

अब मेरे लिए संसार शून्य है। मेरी सबसे प्यारी चीज सुन्दरबाई भी नहीं रही, दो-दो हत्याओं का मेरे सिर पर भार है। पश्चात्ताप की ज्वाला से तन-मन भस्म हुआ जा रहा है। इस घोर यंत्रणापूर्ण जीवन से अब मुझे मृत्यु ही भली प्रतीत हो रही है, इसलिए मैं आत्महत्या करता हूँ। ईश्वर मेरे अपराधों को क्षमा करके मेरी आत्मा को शान्ति देगा या नहीं, इसमें मुझे सन्देह है परन्तु फिर भी जीवन से मृत्यु अधिक प्रिय मालूम होती है।

जिस समय कामताप्रसाद के पिता को यह बात मालूम हुई कामताप्रसाद निरपराध फाँसी पर चढ़ा, उस समय उन्होंने कहा—"उसके भाग्य में यही लिखा था, परन्तु इसके साथ ही यह बात भी है कि न्याय का यह दंड-विधान हत्या-विधान है। यदि मेरे लड़के को फाँसी न देकर, आजन्म जेल हुई होती तो वह आज छूट आता। न्यायी को ऐसा कार्य करने का क्या अधिकार है, जिसमें यदि भूल हो तो उसका सुधार भी उसके वश में न रहे। अब यदि न्याय उसे जिला नहीं सकता तो उसे फाँसी देने का क्या अधिकार था? यह न्याय नहीं, बर्बरता है, जंगलीपन है, हत्याकांड है। ऐसे न्याय का जितना शीघ्र नाश हो जाय, अच्छा है।"

दुखी वृद्ध अपने शोकोन्माद में बैठा बक रहा था, परन्तु वहाँ ईश्वर के अतिरिक्त उसकी बात सुननेवाला भला कौन था!

# विश्वम्भरनाथ शर्मा 'कौशि

1891–1945 ई.

कहानी *फाँसी* पहली बार चाँद कार्यालय, इलाहाबाद से मुद्रित हुए कहानी संग्रह *मणिमाला* में नवम्बर 1929 में प्रकाशित हुई।

कथाकार, साहित्यकार तथा लेखक। पंजाब प्रान्त के अम्बाला जिले में जन्म और कानपुर से स्कूली शिक्षा। उन्हें हिन्दी के साथ-साथ उर्दू और अंग्रेजी का भी कुशल ज्ञान प्राप्त था तथा संगीत और फोटोग्राफी के प्रति विशेष अभिरुचि थी।

कौशिक जी की कहानियाँ आदर्शवाद और भावुकता का अद्‌भुत संगम हैं। उनकी कहानियों में कथावस्तु, चरित्र-चित्रण और वातावरण की सशक्त अभिव्यक्ति के साथ-साथ पात्रों का सजिन्दा मनोविश्लेषण है।

कौशिक जी मुख्य रूप से कहानीकार थे, किन्तु उनके दो उपन्यास हिन्दी साहित्य के रत्नों में गिने जाते हैं। विजयानन्द दूबे के छद्‌म नाम से उन्होंने तत्कालीन मासिक पत्रिका *चाँद* में कुछ विनोदपूर्ण पत्र भी लिखे, जिन्हें बाद में पुस्तक रूप में संकलित किया गया। उनकी रचनाओं में कहानी संग्रह *चित्रशाला* तथा *मणिमाला,* उपन्यास *माँ* और *भिखारिणी,* तथा पत्र-संग्रह *दूबे जी की डायरी* प्रमुख हैं।

विष्णु प्रभाकर

# जज का फ़ैसला

सबेरा होने पर हमारे सेकंड क्लास के डिब्बे में काफी यात्री आ गए थे। जब गाड़ी स्टेशन से चली, तो वे सब मौन थे, परन्तु मार्ग में न जाने किस-किस सूत्र से होकर उन सबमें वार्तालाप आरम्भ हो गया।

बिहटा स्टेशन गुजर जाने पर सहसा एक प्रौढ़ सज्जन, जिनकी सघन श्वेत भौंहें चमकीले नयनों पर छज्जे की तरह छा रही थीं, बोले–"यहाँ पर एक बार बहुत भयंकर दुर्घटना हो गई थी। रेल-यात्रा के इतिहास में कई कारणों से वह अभूतपूर्व रहेगी। उसमें सौ से भी ऊपर यात्रियों की जान गई थी और उससे भी कुछ अधिक यात्री घायल हुए थे।"

इस पर चर्चा ने नदी की तरह अपना मार्ग बिल्कुल बदल लिया। यद्यपि हममें से कोई भी यात्री उस दुर्घटना का साक्षी नहीं था, तो भी कुछ लोगों ने दूसरी दुर्घटनाओं को देखा था और उनका वर्णन करते-करते वे ऐसे सहम रहे थे, जैसे वे दुर्घटनाएँ अभी घट रही हों।

एक स्वस्थ और लम्बे-तगड़े युवक ने जब दो आपबीती रोमांचकारी घटनाएँ सुनाईं तो हम सब ठगे-से उसे देखते रह गए। वह इंजीनियर था। एक बार वह चलती ट्रेन के नीचे आ गया था, यद्यपि उसका शरीर जख्मों से भर गया था तो भी उसके प्राण बच गए। कैसे बच गए, यह वह स्वयं भी नहीं जानता। जब वह गिरा तो उसने पाया कि गाड़ी स्टेशन में प्रवेश कर रही है। उसकी गति निरन्तर

धीमी हो चली है और उसने डिब्बे में चढ़नेवाली पैड़ी को कसकर पकड़ लिया है। इतना ही उसे स्मरण है लेकिन दूसरी घटना बहुत भयंकर थी। पौड़ी-गढ़वाल से कोटद्वार लौटते समय उसकी बस ढाई सौ फीट नीचे खड्ड में जा पड़ी। दस व्यक्ति वहीं मर गए और पाँच अस्पताल में पहुँचकर चल बसे, पर वह कुछ जख्मों के साथ बच गया था। कैसे बच गया, यह पूछने पर वह इतना ही कह सका, बस बच गया! अब आपके सामने बैठा हूँ।

युवक की यह कहानी सुनकर हम सबको रोमांच हो आया और हमने उसे बहुत-बहुत बधाई दी। पर उसने शरारत से मुस्कराकर कहा—"दोस्तों! मैंने मौत को ही नहीं छकाया, बीमा-कम्पनी से हर्जाने के रुपए भी वसूल किए।"

इस पर कहकहा लगा और जब वह शान्त हुआ तो दुर्घटना की चर्चा शुरू करनेवाले प्रौढ़ सज्जन, जो एक सेवा-निवृत्त जज थे, बोले—"अपने इंजीनियर मित्र की तरह मौत को छकाने का अवसर तो मुझे नहीं मिला, पर हाँ इस दुर्घटना से सम्बन्धित एक विचित्र मामले का न्याय मैंने अवश्य किया है।"

एक मित्र बोल उठे—"आपका मतलब बिहटा रेल-दुर्घटना से है?"

"जी हाँ।"

"शायद इसमें कुछ षड्यंत्रकारियों का हाथ था। राजनीतिक सत्ता प्राप्त करने के लिए सैकड़ों निर्दोष व्यक्तियों की जान ले लेना आजकल एक फैशन हो गया है।"

जज महोदय ने निहायत गम्भीरता से गर्दन हिलाकर कहा—"मित्रों! उस मामले का सम्बन्ध न तो किसी प्रकार की राजनीति से है और न दुर्घटना के कारणों से।"

"तो?"

"उसका सम्बन्ध मानव-चरित्र से है।"

इस पर इंजीनियर ने अनुमान लगाया—"ऐसे अवसरों पर कुछ शरारती लोग अपना उल्लू सीधा करने से नहीं चूकते। जब भले यात्री भयातुर हो इधर-उधर भागते हैं, तो वे दुस्साहसी सहायता करने की बात कहकर उन्हें लूट ले जाते हैं।"

"आप ठीक कहते हैं," तीसरे भाई ने उनका अनुमोदन किया, "वे लोग घायलों और मुर्दों तक की जेब कतरने से नहीं चूकते।"

इसके बाद चौथे, पाँचवें, छठे और सातवें अर्थात् डिब्बे के हर यात्री ने अपनी उर्वर कल्पना-शक्ति का प्रयोग किया, लेकिन जज साहब ने सिर हिला-हिलाकर उनके अनुमानों को गलत साबित कर दिया।

जब सबके अनुमानों का खजाना खाली हो गया तो जज साहब ने कहना शुरू किया–

“उस दुर्भाग्यपूर्ण रात्रि में जो यात्री सफर कर रहे थे, उनमें एक महिला भी थीं। अपूर्व सुन्दरी उस महिला के विवाह को यद्यपि पाँच वर्ष बीत चुके थे, तो भी वे नवविवाहिता दुलहन की तरह लगती थीं। उसी तरह मोहिनी और लजीली। उनके लम्बे-पतले नील नयन, पतले नासापुट, कोमल मुख, किंचित् नीले-भूरे सघन केश देखकर भूख मिटती। वे प्राचीन काल की उन सुन्दरियों में से थीं जिनके देखने मात्र से तिलक पुष्प कुसुमित हो पाता और जब वे मृदु-मन्द गति से मुस्करातीं तो चम्पा के फूल विहँस उठते।

इन पाँच वर्षों ने उनके व्यवहार में जो कुछ अन्तर डाला था, यही था कि अब वे कुछ नटखट भी हो चली थीं। लेकिन इसके कारण से अपने पति को और भी प्रिय हो गईं। उनके पति उस ट्रेन में उनके साथ थे। वे इंटर क्लास में थे और सहयात्रियों ने उनके लिए पूरा बर्थ छोड़ दिया था। क्योंकि उनमें से बहुतों को यह गलतफहमी हो गई थी कि वे अभी-अभी विवाह करके लौट रहे थे; बहरहाल

उनकी जिन्दगी एक रंगीन पैमाने की तरह थी, जो केवल उन्हीं को नहीं महका रही थी बल्कि आस-पास वालों को भी खुशबू से तर कर रही थी। वे प्यार के उन क्षणों को जी रहे थे, जिनकी याद बहुतों के जीवन का सम्बल होती है और गाड़ी जा रही थी खड़खड़ाती, चिल्लाती, धुआँ उगलती और अन्धकार की छाती में प्रकाश का छुरा भोंकती।"

छुरे की उपमा देने पर यात्री कुछ चौंके, पर कथा-सूत्र की उत्सुकता ने उन्हें मौन ही रखा। जज साहब ने एक क्षण बाहर की ओर झाँका। उन्होंने अपनी कोहनी खिड़की की पुश्त पर टिका ली। उनके मोटे ओठ कुछ इस तरह ऐंठने लगे जिस तरह हमला करने से पूर्व मेढक खानेवाला साँप ऐंठता है, जिसके दाँत तो होते हैं पर उनमें जहर नहीं होता। वह फिर से उस दिन की घटना के बारे में सुनाने लगे—

"रात हो गई थी और रेलगाड़ी पूरी गति से दौड़ रही थी। प्रायः सभी यात्री ऊँघने लगे, पर वह दम्पती अब भी प्रेमालाप में व्यस्त था। पत्नी ने कई बार कहा—'अब सो जाइए।' पति ने मुस्कराकर जवाब दिया—'न जाने क्यों आज नींद भी तुमसे बातें करने को उत्सुक है!' 'तो मैं सोती हूँ। सपनों में आपसे बातें करूँगी,' पत्नी खिलखिला पड़ी। पति बोला, 'अब जो है वह क्या सपने से कुछ भिन्न है? तुम स्वयं एक सपना हो।' पत्नी हँस पड़ी—'स्वप्न एक भावना है, पर मैं सत्य हूँ। तुम्हारे सामने बैठी हूँ, तुम मुझे छू सकते हो।'

और इस तरह बातें चलती रहीं—प्रेमियों की निरर्थक बातें, आदि और अन्त से हीन पर जीवन को शक्ति और सुगन्ध से भरनेवाली। लेकिन कुछ भी हो, समय की शक्ति की किसने थाह ली है। आखिर उनकी पलकें भारी हो आईं, परन्तु वे अलसाई-झुकी पलकें उन दो प्रेमियों के हृदय को और भी मादकता से भरने लगीं। वे मर्मर-ध्वनि में फुसफुसाने लगे... तभी अचानक एक झटका लगा, वे बुरी तरह हिल आए। गाड़ी जैसे लड़खड़ाई, शड़ाक्छू-शड़ाक्छू का अनवरत उठनेवाला शब्द कहीं टकराकर भयंकर वेग से चीखा, जैसे उस क्षण संयम और गति में संघर्ष छिड़ गया। भीषण गड़गड़ाहट के साथ सब कुछ उथल-पुथल होने लगा। यात्री नींद में चीखे और जागने से पूर्व गिर पड़े। देखते-देखते समूचा वातावरण रौरव आर्तनाद और मर्मभेदी कराह से भर उठा। अन्धकार ने उसकी भीषणता को और भी बढ़ा दिया। उस दम्पती ने गिरते-गिरते अन्तिम बार एक-दसरे को पुकारा और फिर उस प्रलयकारी गड़गड़ाहट में खो गए।

हम यात्रियों को लगा कि जैसे वह दुर्घटना अभी घट रही है। हमारे हृदय कराह उठे—धक्-धक्, लेकिन सौभाग्य से तब दिन का उजाला था।"

यह सुन इंजीनियर से रहा न गया, वह पूछ बैठा—"तो क्या गाड़ी पटरी से उतर गई और वे दोनों मारे गए?"

जज साहब बोले, "उस दुर्घटना में सौ से भी ऊपर व्यक्तियों की जान गई, पर वे दोनों उनमें नहीं थे।"

"क्या?" इंजीनियर ने चकित होकर पूछा—"क्या वे बच गए?"

"जी हाँ, वे बच गए। पति महोदय के शरीर पर अनेक घाव आए, पर सभी आश्चर्यजनक रूप से साधारण, दूसरी ओर उनकी रूपसी पत्नी के घाव एक से एक बढ़कर असाधारण। क्या वर्णन करूँ...उनके दाहिने पैर की हड्डी टूट गई। मुख पर दाहिनी ओर, सिर से लेकर ठोड़ी तक मानो एक बड़ी दरार-सी पड़ गई हो...। इस दुर्घटना के दो दिन बाद जब पति महोदय को उठने-बैठने की आशा मिली तो सबसे पहले उसने कहा—'पत्नी को देखना चाहूँगा।'

उसे मालूम हो चुका था कि वह जीवित है और जिले के बड़े अस्पताल में ले जाई गई है। लेकिन डॉक्टर ने उसे बताया—'मित्र, तुम्हें जल्दी नहीं करनी चाहिए। उनकी हालत अभी ठीक नहीं है।'

पति महोदय ने पूछा—'वह होश में तो है।'

'जी हाँ। अब उन्हें होश आ गया है।' अन्तिम वाक्य उसने बहुत धीरे से कहा।

'तो मुझे वहाँ ले चहिए। मैं उसे देखना चाहता हूँ। वह मेरी पत्नी है।'

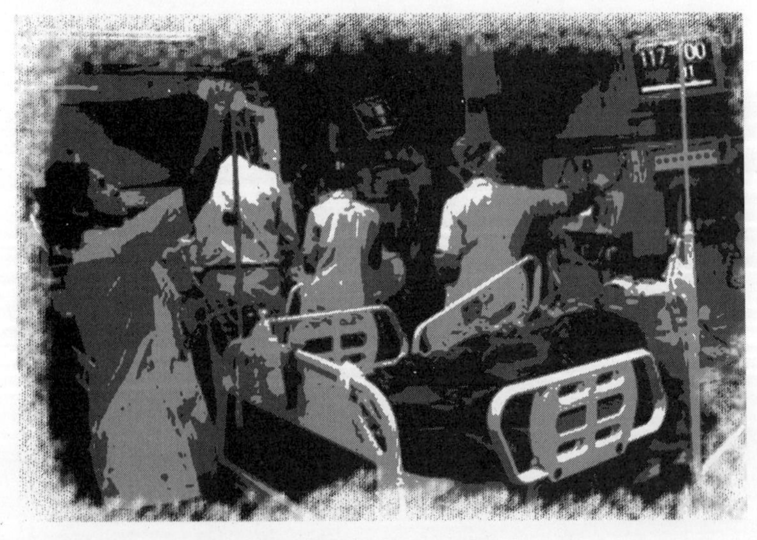

'जानता हूँ मित्र।' डॉक्टर ने यथाशक्ति अपने को संयत रखा और कहा—'यह भी जानता हूँ कि वे अच्छी हो जाएँगी। पर...'

'पर क्या?' उसने चीखकर पूछा—'क्या उसके अधिक चोट लगी है?'

'यही समझ लीजिए, पर वे ठीक हो जाएँगी। अवश्य ठीक हो जाएँगी।'

यह सुनते ही उसका बाँध टूट गया और वह सिसकियाँ भरने लगा; डॉक्टर ने उसे हर तरह से सान्त्वना दी पर उसे शान्ति नहीं मिली। डॉक्टर ने अन्त में कहा—'अभी कई दिन तक उसके चेहरे की पट्टी नहीं खुल सकती। आप देखकर क्या करेंगे।'

वह आँसुओं में बड़बड़ाया—'डॉक्टर, मैं उसका चेहरा नहीं, उसे देखना चाहता हूँ, उसे...'

और वह फिर सिसकियाँ भरने लगा और बार-बार अपनी पत्नी का नाम लेने लगा।

डॉक्टर आखिर मनुष्य था। उसने कोशिश करके उसका तबादला उसी अस्पताल में करवा दिया, जहाँ उसकी पत्नी थी। शर्त यह थी कि वह पत्नी को देख सकेगा परन्तु बोलेगा नहीं। क्योंकि उसकी पत्नी को बताया गया था कि उसका पति अभी उठने लायक नहीं है।

आप कल्पना कर सकते हैं कि जब उसने अपनी घायल पत्नी को देखा होगा, तो उसकी क्या दशा हुई होगी! ...उसका हृदय तूफान की गति से दौड़ रहा था। वह रह-रहकर वात-पीड़ित रोगी की तरह काँप उठता।

उसने देखा; उसकी आँखों के आगे धुआँ-सा उठा। पत्नी का एक पैर काट दिया गया है। पूरे सिर और मुँह पर पट्टियाँ बँधी हैं। वह देख नहीं सकती। वह धीरे-धीरे उसके पास पहुँचा, बहुत धीरे-धीरे। दरवाजे से उसके पलंग तक के कुछ गजों के फासले को पूरा करने में उसे एक पूरा युग लग गया। एक युग लम्बे जितने क्षण तक वह खड़ा रहा फिर...फिर पुकारना चाहा—'विमल...'

विमला उसकी पत्नी का नाम था लेकिन वह पुकार नहीं सका। उसे एकाएक चक्कर आ गया और वह वहीं गिर पड़ा। शीघ्रता से कुछ लोगों ने उसे वहाँ से हटा दिया। उसकी पत्नी कुछ नहीं जानती थी, कुछ जान भी न सकी।

होश में आने के बाद से वह रह-रहकर फुसफुसा उठती—'उन्हें बुला दो... उन्हें बुला दो, वे कहाँ हैं? वे कहाँ हैं?' पर उसका स्वर बड़ा क्षीण था और संघर्ष प्रायः गतिहीन।

अगले दिन उसके पति ने, जो एक ही रात में बूढ़ा हो गया था, बड़े डॉक्टर से पूछा—'क्या मेरी पत्नी ठीक हो जाएगी? मुझे साफ-साफ बता दीजिए।'

डॉक्टर ने आकंठ सहानुभूति भरकर कहा–'मिस्टर! आपकी पत्नी के प्राण तो बच जाएँगे पर मुझे दुख है...उसका एक पैर, एक आँख दोनों जाते रहेंगे, मुँह भी कुछ टेढ़ा हो जाएगा।'

'मुँह भी कुछ टेढ़ा हो जाएगा।' वह फुसफुसाया।

'मुझे बहुत अफसोस है मिस्टर! बहुत अफसोस है। चार दिन पूर्व आपकी पत्नी अपूर्व सुन्दरी रही होगी, पर अब...। अब आपको सब्र करना चाहिए।'

और डॉक्टर चला गया। वह कई क्षण आँखें फाड़े उसे जाते देखता रहा। बड़बड़ाता रहा–अपूर्व सुन्दरी, सब्र, टेढ़ा मुख, एक पैर, एक आँख, अपूर्व सुन्दरी!...घंटों तक उसकी यही दशा रही। वह बार-बार मदोन्मत्त की तरह हँसा, बड़बड़ाया–अपूर्व सुन्दरी, एक आँख, टेढ़ा मुख, अपूर्व सुन्दरी!...फिर सिसकियाँ भरने लगा।

डॉक्टरों के लिए यह एक समस्या हो गई। उन्होंने आपस में सलाह करके उसे अस्पताल से छुट्टी देने का निर्णय किया। जब बड़े डॉक्टर यह निश्चय सुनाने के लिए उसके पास पहुँचे, तो उनके अचरज का ठिकाना नहीं रहा। फैसला सुन वह पूर्णतः शान्त रहा। उसने इस निश्चय का स्वागत किया। केवल जाने से पूर्व एक बार पत्नी को देखने की इच्छा प्रकट की।

और इस बार जब वह पत्नी के पास पहुँचा, तो न तो उसका दिल काँपा, न वह गिरा। इसके विपरीत वह दृढ़ता से उसके बिल्कुल पास जा खड़ा हुआ। फिर सहसा उसने हाथ उठाया। नर्स ने एकदम मना किया। वह रुक गया।

पर दूसरे ही क्षण उसने फिर से हाथ उठाया, फिर गिरा लिया। पर तीसरी बार उसने दोनों हाथ उठाए। नर्स ने तीव्रता से रुकने का इशारा किया, पर इस बार वह नहीं रुका बल्कि तेजी से आगे झपटा और उसके दोनों हाथ घायल पत्नी के गले पर जम गए।

क्षण-भर में ही उस कमरे की पूरी दुनिया पलट गई। नर्सों का पागलों की तरह भय से चिल्लाते हुए भागना, उसका दाँत भींचकर शैतानी शक्ति से गला दबोचना, पत्नी की भयानक चीख और...

और उसके बाद...उसके बाद उसने मृत पत्नी का एक सुदीर्घ क्षण तक चुम्बन किया और फिर पसीने से तर हाँफते हुए अस्पताल के अधिकारियों और कर्मचारियों की भीड़ से बोला–मैं अब कहीं भी चलने को तैयार हूँ..."

यहाँ आकर जज महोदय मौन हो गए। उनका भारी मुख आँसुओं और पसीने से तर था, पर हम सब जैसे एक दुःस्वप्न से जागे हों। हमारे हृदय आतंक से धड़क रहे थे। गाड़ी स्टेशन में प्रवेश कर रही थी।

साहस इस बार भी इंजीनियर ने ही किया। एक सुदीर्घ निश्वास छोड़कर उसने कहा—"तो यह मामला था जिसका आपको फैसला करना पड़ा?"

"जी हाँ।" जज ने शीघ्रता से उठते हुए कहा। उन्हें वहीं उतरना था।

एक सज्जन जो अपेक्षाकृत युवक थे और जिनकी आँखें आँसुओं से भरी थीं,

बोले—"निस्सन्देह आपने उसे मुक्त कर दिया होगा क्योंकि वह...वह...।"

परन्तु वह आगे नहीं बोल सका, उसका कंठ अवरुद्ध हो गया।

जज ने उसे देखा और कहा—"अगर आप उस मुकदमे में जूरी होते तो क्या करते?"

"निस्सन्देह छोड़ देते।" हम एक साथ बोल उठे।

जज के मुख पर एक विचित्र मुस्कराहट फैल गई, बोले—"उस दिन की जूरी ने भी यह कहा था। पर मित्रों, मैं उसके साथ अन्याय नहीं कर सका! मैं जानता हूँ मैंने बहुत-से मुकदमों में अन्याय किया है, पर इस फैसले पर मुझे सदा गर्व रहेगा। मैंने उसे फाँसी की सजा दी थी।"

"फाँसी!" हम सब चीख उठे।

नीचे उतरते हुए जज ने इतना और कहा—"उसे जीवित रखना उसकी पवित्र भावना का अपमान होता।"

और फिर वे मुसाफिरों की भीड़ में खो गए।

# विष्णु प्रभाकर

21 जून, 1892—11 अप्रैल, 2009

सन् 1952 में लिखी गई *जज का फैसला* कहानी सबसे पहले कहानी-संग्रह *संघर्ष के बाद* में 1953 में प्रकाशित हुई।

कथाकार, साहित्यकार तथा लेखक। मुजफ्फरनगर जिले के गाँव मीरापुर में जन्म। शुरुआती जीवन विषम आर्थिक परिस्थितियों के चलते अत्यन्त संघर्षमय रहा। लेकिन उनमें अद्भुत मेधा समाई थी। नौकरी के साथ कड़ी मेहनत करते हुए हिन्दी प्रभाकर, हिन्दी-भूषण, संस्कृत में प्रज्ञा और अंग्रेजी में बी.ए. किया। महात्मा गांधी के दर्शन और सिद्धान्तों का उन पर गहरा असर रहा, जिसके चलते स्वतंत्रता संग्राम में सम्मिलित हो गए।

सन् 1931 में उनकी पहली कहानी *दीवाली के दिन* हिन्दी *मिलाप* में प्रकाशित हुई। इस दिन से उनकी जो लेखन यात्रा शुरू हुई, उसने अगले आठ दशकों तक थमने का नाम न लिया। विष्णु जी ने साहित्य की हर विधा को अंगीकृत किया। उनके उपन्यासों में *ढलती रात, स्वप्नमयी, अर्धनारीश्वर, क्षमादान, दो मित्र, पाप का घड़ा,* और *होरी*; नाटकों में *हत्या के बाद, नव प्रभात, डॉक्टर प्रकाश और परछाइयाँ, बारह एकांकी, अशोक, अब और नहीं,* और *टूटते परिवेश*; कहानी संग्रहों में *संघर्ष के बाद, धरती अब भी घूम रही है, मेरा वतन, खिलौने* तथा *आदि और अन्त*; यात्रा वृत्तान्तों में *ज्योतिपुंज, हिमालय,* एवं *जमुना गंगा के नैहर में*; शरतचन्द्र की जीवनी *आवारा मसीहा* एवं आत्मकथा *पंखहीन* सर्वाधिक चर्चित हैं।

कई राष्ट्रीय-अन्तर्राष्ट्रीय पुरस्कार जिनमें पद्म भूषण, मूर्तिदेवी सम्मान, भारतीय ज्ञानपीठ, साहित्य अकादेमी पुरस्कार तथा सोवियत लैंड नेहरू अवॉर्ड प्रमुख हैं।

विद्यासागर नौटियाल

# मुलज़िम अज्ञात

चीफ ज्यूडिशियल मजिस्ट्रेट टिहरी-गढ़वाल राजेन्द्रनाथ के सामने एक मामले में सुदूर देहाती इलाके से आई दस महिला अभियुक्तों की ओर से एक अर्जी पेश हुई जिसमें प्रार्थना की गई थी कि अगली पेशियों पर, जब तक कि अदालत कोई दूसरा आदेश पारित न कर ले, उनकी व्यक्तिगत हाजिरी माफ कर दी जाए।

वकील सरकार ने उस अर्जी के स्वीकृत किए जाने पर लिखित रूप में घोर आपत्ति प्रकट की। बाद में वह उस अर्जी के विरोध में काफी देर तक बहुत जोर से, और काफी कुछ बोलता रहा।

तब राजेन्द्रनाथ ने बहुत धीरे से कहा—"कोर्ट साहब! प्रतापनगर के पहाड़ की जिस ऊँची चोटी से एक लम्बा फासला तय करती हुई ये घरबारी महिलाएँ यहाँ तक आई हैं आप अगर एक मर्तबा वहाँ चले जाएँ तो अगले तीन दिनों तक थकान के मारे बिस्तर से हिल नहीं पाएँगे। इन महिलाओं को अपने तुतलाते, दुधमुँहे बच्चों को और अपनी गाय-भैसों को अपने घरों पर यों ही बेहिफाजत छोड़कर यहाँ आना पड़ता है।"

मजिस्ट्रेट को वैसा बोलते सुन मेरी आँखें डबडबा आईं। वे आँसू उन बेबस महिलाओं की दयनीय स्थिति के कारण नहीं, यह सोचकर उमड़नें लगे कि अभी इस देश की न्यायपालिका में इतनी गहराई तक विचार करनेवाले कुछ लोग जिला स्तर पर भी मौजूद हैं, जिनके अन्दर का इनसान जिन्दा है। अपनी वकालत की लम्बी अवधि के दौरान मैं किसी हाकिम इजलास को पहली बार उस तरह की बात बोलते सुन रहा था। इस मुल्क की सड़कों पर बैठनेवाले आम आदमी के हक में बोलनेवाले सुप्रीम कोर्ट के विचारपति वी.आर. कृष्ण अय्यर के कई फैसलों के अंश मुझे यों ही कंठस्थ हो जाते थे, जैसे—

> The magistrate, in the case, should be given the benefit of doubt for not having realized that the words We the people of India in the constitution of India meant not only the property owners of this country but also the butcher, the baker and the pavement dweller.

(लेखक के वकालत के संस्मरण-अंश)

पहाड़ पर एक घने जंगल के बीच बसा हुआ एक अकेला मकान। नीचे घाटी में एक नाला बहता है, जिस पर कोई पुल नहीं लगा है। नाले को पैदल पार करना होता है फिर घने जंगल में एक किलोमीटर तक खड़ी चढ़ाई चढ़ लेने के बाद ही किमलू अपने घर पहुँच पाता है।

किमलू और उसके परिवार के दूसरे लोग, यानी उसकी घरवाली और दस बरस का बेटा। सिर्फ तीन ही लोग हैं उसके परिवार में। पास-पड़ोस भी कोई नहीं। पानी के एक निजी स्रोत के पास। उसी जल-धारा के सहारे, जिसे वे धारा कहते हैं। दिन-रात निकलते रहनेवाले पानी की धारा का मोह उसके पुरखों को वहाँ खींच लाया था। और उस पानी का लोभ ऐसा आकर्षक था कि उनके मन में कभी यह बात नहीं आई कि बस्ती से बेहद दूर, अकेले में बसे इस मकान को छोड़कर कहीं और जा बसें।

जंगली जानवरों से उन्हें कोई खतरा नहीं मालूम होता। शायद जंगली जानवर भी पीढ़ियों से उन्हें पहचानते आए हैं। पिछली कई पीढ़ियों से ऐसा भी होता आ रहा है कि उनके कुल में एक आदमी का एक से ज्यादा बेटा पैदा नहीं हुआ। न आबादी बढ़ी, न जायदाद बँटी।

कल रात उनके घर पर एक घटना ऐसी हो गई कि उसने उन्हें हिलाकर रख दिया। आधी रात में कोई उनके घर का दरवाजा पीटने लगा—"दरवाजा खोलो भाई! कौन रहते हैं इस घर में?"

"क्यों खोलें दरवाजा?"

"मुसाफिर हैं, रास्ता भटक गए हैं। मुसीबत के मारे हैं।"

"कहाँ से आ रहे हो?"

"जंगल से। शिकार करने गए थे। वहीं फँस गए रात में।"

काफी चौंकाने और हैरान कर देनेवाली बात थी। वे लोग अपना पता-ठिकाना भी नहीं बता रहे थे। यह भी मालूम नहीं हो पा रहा था कि वे कहाँ से आए और अब उन्हें कहाँ जाना है? कह रहे थे सब बात अन्दर आकर बता देंगे।

अन्दर-बाहर दोनों ओर से काफी देर तक बकझक चलती रही। आखिर में अपने द्वार के बाहर खड़े, भटके हुए और पस्त मुसाफिरों पर तरस खाकर अपनी घरवाली के मना करते रहने पर भी किमलू ने उजाला बाला और दरवाजा खोल दिया।

दो लोग घर के भीतर पहुँचे, दोनों नकाबपोश। उनकी आँखें तक दिखाई नहीं दे रही थीं। एक ने घर के लोगों पर बन्दूक तान ली और दूसरा उनको धमकाते हुए गढ़वाली में बोला—"चुपचाप अपने पलंग पर बैठ जाओ सबके सब।"

वे तीनों पलंग के ऊपर बैठ गए।

"अपने सन्दूक की चाबी दो।"

"सन्दूक पर कोई ताला नहीं लगा है।"

उन्होंने लकड़ी के सन्दूक का ढक्कन उठाकर उसे दीवार के सहारे अटका दिया और सन्दूक की तलाशी करने लगे। तलाशी का काम करते हुए उनमें से एक ने घर की मालकिन को कहा—"तुम ऐसा करो, रसोई में जाओ और हमारे लिए पहले चाय ले आओ बनाकर। फिर खाने में जो भी जल्दी बन सकता हो, चाहे भात, बना लो। हमें बहुत भूख लगी है।"

बन्ता कमरे से बाहर जाने लगी। तब उन्होंने किमलू से पूछा—"चाय तो तू भी पी लेगा?"

"मैं नहीं पिऊँगा।"

"रात की बात है यार, पी ले एक गिलास।"

"नहीं, रात में चाय पीने से मुझे नींद नहीं आती।"

"और तेरा बेटा?"

"इसे चाय देते ही नहीं।"

बन्ता बाहर निकल आई। उन दोनों में एक बोल रहा था, दूसरे ने एक बार भी अपने मुँह से कोई आवाज नहीं निकाली।

"तुम दोनों पलंग पर बैठे रहो चुपचाप। वहाँ से हिलने की कोशिश मत करना। समझ रहे हो न?"

"समझ रहा हूँ।"

किमलू की घरवाली बन्ता की सोने की नथ, कुल जेवरात और उसकी जिन्दगी भर की कमाई नकद बारह हजार रुपए सन्दूक में रखे थे। कुछ चाँदी के जेवरात भी थे। सब कुछ को अपने कब्जे में लेकर उन दोनों ने चाय पी।

"क्या बना रही हो खाने के लिए?"

"रोटियाँ बना रही हूँ।"

"दही और घी तो होगा घर में?"

"है। लेती आऊँगी।"

खाना खा लेने के बाद वे दोनों उस घर से बाहर निकल गए।

उनके आँगन में पहुँचने के बाद एक आवाज आई—"हमारा पीछा करने की कोशिश मत करना।"

किमलू ने उसका कोई जवाब नहीं दिया।

तब दुबारा आवाज सुनाई दी—"समझ रहे हो न?"

"हाँ, समझ रहा हूँ।"

उसके बाद रात के घने अँधियारे में वे दोनों उस जंगली राह में खो गए जैसे कोई बाघ लम्बी छलाँग लगाकर गायब हो जाता है।

उनके चले जाने के बाद बन्ता ने अपने आदमी से कुछ नहीं कहा। यह भी नहीं कहा कि उसने अपरिचित लोगों के लिए घर का दरवाजा क्यों खोल दिया। दोनों को अपने-अपने मन में इस बात का अहसास हो रहा था कि दरवाजा खोला न जाता तो लुटेरों के हाथों तोड़ा जा सकता था। बन्ता घटना के बीत जाने के बाद अपने आदमी के मत्थे कोई दोष नहीं लगाना चाहती थी। वह समझ रही थी कि वैसा करने से उसके आदमी का दुख कई गुना और बढ़ जाएगा।

सुबह के वक्त किमलू सड़क पर पहुँचा। चाय के होटल में रोज मिलने-जुलनेवाले आस-पास के गाँवों के लोग उसकी लटकी हुई सूरत देखते ही भाँप गए कि उसके साथ कोई बात हो गई है। कोई अनहोनी बात। घटना के बारे में सुननेवाले आँखें फाड़कर ताज्जुब करने लगते। हर सुननेवाले को ऐसा लगने लगता कि घटना एक किमलू के साथ नहीं हुई, पूरे समाज के साथ हुई है। वह उन सबका सामूहिक, पेचीदा मसला बन गया। वीरान जंगलों में एक-दूसरे से दूर-दूर बने घरों में बेखौफ रहनेवाले सीधे-सादे पहाड़ी लोग अपने घरों के अन्दर सुरक्षित कैसे रह सकेंगे?

शेरसिंह ने पूछा—"किमलू, तो तूने क्या सोचा?"

"अब क्या करूँ! रिपोर्ट तो लिखानी ही पड़ेगी।"

रामसिंह—"रिपोर्ट नहीं लिखवाएगा तो पूरे इलाके में आतंक फैल जाएगा।"

दशरथ—"आज तेरे साथ ऐसा हुआ, कल चारों ओर की सभी बस्तियों में भी यही सब होने लगेगा।"

सितानू—"आज तेरे साथ कल किसी और के साथ।"

कसरू–“बाप-दादों ने नहीं सुने थे कभी ऐसी हरकतों के किस्से।”

सितानू–“देश में गुंडों का राज कायम हो गया है।”

देबू–“सबसे बुरी बात यह है कि दोनों लुटेरे गढ़वाली थे।”

शिवसिंह–“वही तो जुल्म की बात है! अब अपने ही घर में ऐसे लुटेरे पैदा हो गए तो किसका भरोसा करें, किसका न करें?”

हरीराम–“और तू बोल रहा है तेरी बहू ने खाना भी बनाया उनके लिए?”

किमलू–“अपने घर पर भूखा तो नहीं रखा जा सकता किसी को?”

हरीराम–“साले खा-पी भी गए और लूटकर भी ले गए जिन्दगी भर की कमाई। जमाना ऐसा आ गया है कि कोई बाप अपने बेटे का भरोसा नहीं कर सकता। अपनी माँ के खसम।”

शिवसिंह–“उनकी माँओं को क्यों गाली देनी है? उन्होंने थोड़े ही सिखाया होगा उनको कि तुम चोरी-डाके का काम करना। ये तो सब बाहर से सीखकर आते हैं, देश की तरफ से।”

पातीराम–“थाने तो तू जा रहा है पर यह बता पैसे कितने रखे हैं तूने अपनी जेब में?”

किमलू–“खाने के पैसे हैं मेरे पास।”

शिवसिंह–“किसके खाने के?”

किमलू–“अपने खाने के। ये पैसे मेरी कोट की जेब में थे, जिसकी तलाशी लेना वे भूल गए।”

रामदत्त–“अरे! तू कैसा सीधा आदमी है? वे तलाशी लेना भूले नहीं बल्कि उनका पेट जरूरत से ज्यादा भर गया था। जितना हाथ लग गया वे उससे फूल गए होंगे अपने मन में। खूब ऐश करेंगे तेरी लूट के पैसों से।”

शिवसिंह–“तू बोल रहा है तेरी जेब में अपने खाना खाने भर के पैसे हैं। एक दिन अपने घर के बजाय तू होटल में खाना खा लेगा तो उससे खुश हो जाएगी और लिख लेगी पुलिस तेरी रिपोर्ट?”

किमलू ने कोई जवाब नहीं दिया। वह खाली नजरों से वहाँ मौजूद लोगों की ओर देखने लगा।

तब शिवसिंह ने बात समझाई–“बात यह है किमलू! तू मनुष्यों के बीच तो रहता नहीं। तू रहता है जंगली जानवरों के बीच। आदमियों के समाज में रहने के कायदों से तू एकदम नावाकिफ है। तेरे खाना खा लेने से थाने में तेरी रिपोर्ट नहीं लिखी जाएगी। वहाँ ऐसा पूछनेवाला कोई नहीं होगा कि तू यहाँ भूखे पेट आया कि होटल से खाना खाकर आया है। जब तक थाने को रकम नहीं खिलाएगा,

वहाँ तेरी कोई पूछ करनेवाला नहीं होगा। तेरी जेब में अपने खाने भर के नहीं, पुलिस को खिलाने के लायक पैसे होने चाहिए।"

"मेरी जो जिन्दगी भर की कमाई हुई रकम थी, उसे वे ले गए। गहने भी जो थे सब लूट लिये। मेरे घर से अपना पेट भरकर गए, मुझे नंगा-भूखा बनाकर चम्पत हो गए।"

शिवसिंह–"तू यह बात हमसे कह सकता है। और सिर्फ हम समझ सकते हैं तेरी बात और तेरी पीड़। लेकिन पुलिस के लिए तो इस तरह की बातों का कोई मतलब नहीं होगा कि साहब, मेरे पास जो कुछ था उसे तो वे लूट ले गए।"

लोग चिन्तित थे। बगैर किसी के कुछ कहे शिवसिंह ने अपनी जेब में हाथ डाला और पचास रुपए का एक नोट उसकी ओर बढ़ाया। और उसके बाद वहाँ पर खड़े या बेंच पर बैठे लोगों में करीब-करीब सभी लोगों ने अपनी-अपनी तरफ से जो भी दे सकते थे, उसे दे दिया। यह कोई कर्जा नहीं, सहायता दी जा रही थी। दरअसल उस वक्त पैसे से उसकी मदद कर लोग खुद अपना जीवन सुरक्षित करना चाहते थे। अपना और अपने बाल-बच्चों का भविष्य उन्हें असुरक्षित लगने लगा था। लोगों से उस तरह दान के पैसे लेते हुए किमलू की आँखों में आँसू छलक आए।

शिवसिंह के दिमाग में एक बात यह भी आ रही थी कि किमलू तो जिन्दगी में कभी थाने नहीं गया। पुलिसवालों के साथ कैसे बात की जाती है, इस बारे में इसे कुछ भी नहीं मालूम। ऐसे में उसका अकेला कीर्तिनगर थाने में जाना ठीक नहीं हो सकता। उसकी मदद के लिए उसके साथ गाँव-बस्ती के किसी जानकार, तजुर्बेकार आदमी को भी भेजा जाना चाहिए।

समस्या यह थी कि भेजा किसे जाए। हर किसी को तो भेजा नहीं जा सकता। साथ में जाए तो ऐसा आदमी जाए जिसे शहर में रहनेवाले अहलकारों से बात करने का सलीका हो।

अचानक सामने एक पहाड़ी पगडंडी पर अपने गाँव की ओर से आता हुआ भौंपालू दिखाई दिया। उसे आता देख शिवसिंह खुश हो गया। उसके मन में उठ रही समस्या हल होती नजर आने लगी।

"तेरी किस्मत बहुत अच्छी है किमलू! तुझे अकेले थाने में भेज देने को मेरा मन गवाही नहीं दे रहा था, पर वह देख सामने से भौंपालू नीचे की ओर उतर

रहा है। बस, अब तेरा काम बन गया समझ ले। तू पाँच मिनट रुक जा।”

भौंपालू ऐसे ही कामों का माहिर माना जाता है, पुलिस थाना, कचहरी, सरकारी दफ्तरों में जो काम करवाना होता है, उसे करवाने के लिए लोग अपने साथ भौंपालू को ले जाते हैं। एक जानकार आदमी, वह अक्सर शहर में ही पड़ा रहता है। शहर के कुल हाकिमान को जानता है। उससे भी बड़ी बात यह कि हाकिमान भी उसे जानते हैं। वकीलों के तो वह गाँव से लेकर बाजार तक के कुल पतों से वाकिफ है। उसके बाप-दादों, बाल-बच्चों, यहाँ तक कि रिश्तेदारों तक के नाम बता सकता है। रास्ते और खाने-पीने के खर्चे के अलावा लोग खुद ही उसे कुछ ऐसी रकम भी दे देने का ध्यान रखते हैं कि उसके घर पहुँचने पर घरवाले यह न पूछने लगें कि तू दिन भर (या कई-कई दिनों तक) बिराने काम के लिए फालतू बनकर कहाँ-कहाँ और क्यों भटकता रहता है।

सड़क के चायखाने में जमा लोगों की भीड़ उस वक्त सामने के पहाड़ की पगडंडी पर टकटकी लगाकर भौंपालू का उतरते आना देखने लगी थी।

भौंपालू उस ओर की पहाड़ी पर पूरी उतराई उतर गया। नाले के पास पहुँचकर उसने अपने जूते उतारकर हाथ में ले लिये, पाजामा गले में डाला और पानी में पैदल चलकर नाला पार किया। तब वह वहाँ से ऊपर की ओर, चढ़ाई की राह पर चलने लगा था। उसे अच्छी तरह दिखाई दे रहा था कि चायखाने पर

खड़े बहुत सारे लोग लगातार उसकी ओर देखते जा रहे हैं बाकी दिन ऐसा नहीं होता।

आखिर वह चायखाने पर पहुँच गया। और लोगों से और शिवसिंह से रामाकृष्णी हुई।

शिवसिंह ने पूछा—"भौंपालू! आज तू कीर्तिनगर जा रहा है?"

"नहीं। मैं आज अपने बेटे की ससुराल जाने की सोच रहा हूँ। कांडीखाल की तरफ।"

कीर्तिनगर के विपरीत दिशा में जाने की यह बात उसने अपना भाव बढ़ाने के लिए कही थी।

"आज तो तुझे अपनी दिशा बदलनी पड़ेगी भौंपालू। यह किमलू परेशानी का मारा आया है सुबह-सुबह।"

"किमलू के साथ क्या हो गया चाचा?"

"किमलू को तू जिन्दा लोगों में शामिल मत समझ। इसकी खाल हमारे साथ है, प्राण कहीं और हैं इस वक्त, किमलू के घर पर आज रात डाका पड़ गया। सब कुछ लुट गया बेचारे का!"

"डाका? चाचा तुम क्या बोल रहे हो?"

"अब मैंने क्या बोलना है? ऐसा कर, तू इसे अपने साथ लेता जा। पूरी बात इसी से पूछ लेना रास्ता चलते-चलते।"

जानकार आदमी भौंपालू किमलू को साथ लेकर कीर्तिनगर की ओर चला।

कीर्तिनगर पहुँचे तो दोपहर हो चुकी थी।

"ऐसा करते हैं किमलू भाई, पहले पेट-पूजा कर लेते हैं। टाइम हो गया है, भूख भी लग रही है। और सबसे बड़ी बात यह है कि जब हम तेरे काम के लिए लिखा-पढ़ी शुरू करने लेगेंगे तो फिर खाने की क्या, दम मारने तक की फुरसत नहीं मिलेगी।"

किमलू को वह होटल में ले गया जहाँ मछलियाँ बनती थीं। पहाड़ी नदी के ठंडे पानी में पकड़ी गई स्वादिष्ट मछलियाँ। किमलू के ऐसा कहने पर कि वह मछली नहीं खाएगा, सिर्फ दाल-भात खाएगा, भौंपालू बोला—"तू निरमांसी कब से हो गया किमलू?"

"निरमांसी नहीं, पर आज तबीयत नहीं कर रही है।"

“जैसी तेरी मर्जी!”

भौंपालू ने खाना परोस रहे नौकर को आवाज दी—“एक प्लेट मछली ले आना बेटा।”

“आधी-आधी दो कि एक?”

“एक ही जगह। एक प्लेट।”

खाना खाते वक्त किमलू को याद आ रहा था कि सुबह चायखाने में लोगों ने उसे चन्दा देकर विदा किया था। भौंपालू के वहाँ पहुँचने से पहले जिससे जितना बन सका, वहाँ पर मौजूद सभी लोगों ने उसकी मदद की थी। लेकिन वहाँ पर यह बात भौंपालू को कोई बता नहीं पाया। वे हड़बड़ी में वहाँ से चले थे। और रास्ते में भौंपालू को मैंने नहीं बताया कि मेरी जेब में पैसे नहीं थे, लोगों ने चन्दा करके दिए।

“अब हमें पहले कोर्ट जाना पड़ेगा।”

“कोई काम है वहाँ?”

“मेरा कोई काम नहीं। यही काम। तेरा काम।”

“लोग कह रहे थे पुलिस के पास चले जाना सीधे।”

“लोगों ने ठीक ही कहा, पर पहले कोर्ट में जाकर मामले की रिपोर्ट भी तो

लिखवानी पड़ेगी। पुलिस थाने में जुबानी कुछ नहीं चलता। कागज पर लिखकर देंगे, तभी वे कोई कार्रवाई करेंगे। और सुबह की बात तो है नहीं, जो किसी वकील के घर पर जाकर बात कर लें। इस वक्त कचहरी चल रही है। वकील लोग वहीं पहुँच गए होंगे सब।"

थाना, पुलिस, कचहरी या दफ्तर के बारे में किमलू कुछ भी नहीं जानता था। वह भौंपालू के साथ-साथ कचहरी चला गया।

भौंपालू को एक मुस्तगीस के साथ कचहरी परिसर में प्रवेश करते हुए पेड़ों के नीचे छोटे-छोटे तख्त डालकर बैठे सभी वकीलों ने देखा।

भौंपालू दाताराम वकील के तख्त पर पहुँचा।

"और भाई भौंपालू, राजी-खुशी! आज कैसे?"

"पंडितजी! अब हमारा गाँव में रहना मुश्किल हो गया है।"

"क्या हो गया?"

"होना क्या है पंडितजी! आधी रात में डाका पड़ने लगा है हमारे घरों में!"

"डाका? इन पहाड़ों में डाका? तू तो कानून जानता है भौंपालू भाई! चोरी बोल, चोरी! डाका इन शान्त घाटियों में आज तक पड़ा कभी?"

"आज तक नहीं पड़ा पंडितजी, पर अब हो गई है शुरुआत।"

किमलू से घटना का विवरण सुन लेने के बाद वकील ने अपनी ओर ताक रहे अर्जीनवीस को कहा—"लिखो।"

वकील अपने तख्त पर बैठा था। भौंपालू भी उसी तख्त पर बैठ गया, किमलू उनके पास नंगी जमीन पर।

दाताराम बोलता रहा और अर्जीनवीस लिखता रहा। लिख लेने के बाद उसने कार्बन कॉपियों पर से आलपिन हटाकर उन्हें अलग कर दिया। तब उसने किमलू को कहा—"ले दस्तखत कर दे।"

भौंपालू ने मदद की—"अँगूठा लगाएगा।" उस कागज पर और उसकी कार्बन कॉपियों पर भौंपालू की अँगूठा निशानी लगवाई गई।

वकील ने कहा—"अब कागज पक्का हो गया है। डाकू? उन डाकुओं के पुरखे भी बचकर कहीं भाग नहीं पाएँगे।"

वकील ने ठप्पा लगा कागज भौंपालू के हवाले कर दिया।

"ले यजमान, अब थाने चले जा।"

"पंडितजी, यह पहले ही गरीब आदमी था। अब कल रात के बाद तो पूरी तरह नंगा हो गया है। इसकी हालत ऐसी नहीं कि आपकी कुछ भी सेवा कर सके। आप ऐसा समझ लीजिए आप इस पर तरस खाकर इसकी रिपोर्ट एकदम मुफ्त में लिख रहे हैं। बताइए, आपको यह निहंग कितनी फीस दे दे?"

"भौंपाल सिंह, तुम रोज के आदमी हो। तुम्हें मालूम है कि मैं कितनी फीस लेता हूँ, पर इस यजमान की डाकुओं ने लूट कर दी। और साथ में तू भी आया है तो इससे मैं नाममात्र की फीस लूँगा। ऐसा करो, बीस रुपए लिखाई के, एक सौ मेरे दिलवा दो।"

कागज को हाथ में लेकर वे दोनों कचहरी से थाने की ओर चल दिए।

रास्ते में किमलू बोला—"एक बात है। मैं तुम्हें बता नहीं पाया। आज मैं घर से चला तो मेरी जेब में सिर्फ बीसेक रुपए थे। लूटनेवालों ने मेरी जेब की तलाशी नहीं ली। वही पैसा लेकर मैं यहाँ आ रहा था। होटल में शिवसिंह जी को इस बात का पता लग गया कि मेरी जेब एकदम खाली है। तब उन्होंने अपनी ओर से मुझे पचास रुपए दे दिए और उसके बाद वहाँ पर और जितने लोग खड़े थे उन सबने भी तुम्हारे वहाँ पहुँचने से पहले अपनी-अपनी ओर से जो मदद कर सकते थे कर दी थी। तब मैं यहाँ के लिए चला।"

"तूने गिने होंगे कितने रुपए हुए हैं कुल?"

"नहीं, मैंने गिने नहीं।"

"यह तो तूने ठीक नहीं किया।"

"तो अब गिन लेते हैं।"

"हाँ यार, हमें पता रहना चाहिए हमारे पास कुल रकम कितनी है; साहब लोगों से उसी हिसाब से बात की जा सकती है।"

वे दोनों वहीं एक बड़े पेड़ की घनी छाँह में बैठ गए।

किमलू ने अपनी जेब से कुल रुपए बाहर निकाले और बोला—"भौंपालू भाई, इन पैसों को अपने ही पास रख लो।"

"ना, ना! ऐसा काम मैं नहीं करता। खर्चा तो तेरे ही हाथ से होगा पर जरा गिन लें।"

"लो इन्हें तुम्हीं गिन लो।"

भौंपालू ने गिनती करने के बाद बताया—"तीन सौ सैंतीस रुपए हैं।"

"इन्हें अपनी जेब में रख लो भौंपालू भाई!"

"नहीं, मैं नहीं रखूँगा। इन्हें तुम अपनी जेब में रख लो। मेरा अन्दाज है कि इस रकम से काम नहीं चलेगा। सौ पचास के नोट पर तो उनकी निगाह ही नहीं ठहरती। हजारों में लेने की कु-आदत पड़ी रहती है, पर चलकर देखते हैं। नहीं मानेगा तो मैं उससे ऐसा बोल दूँ कि साहब, बाकी सेवा यह बाद में कर देगा?"

"मैं कुछ नहीं जानता इन मामलों में। मैं तुम्हारे हवाले हूँ। जैसा ठीक समझो वैसा कर लो।"

बातें करते-करते दोनों थाने पहुँच गए।

थानेदार वीरेन्द्र चौधरी मेरठ का जाट था। उसने भौंपालू के हाथ से कागज ले लिया और बहुत ध्यान से उसे पढ़ा। उसके बाद किमलू से उसने घटना का पूरा ब्योरा सुना। उसने रपट दर्ज करने को मोहर्रिर को कह दिया।

भौंपालू के सवाल–सेवा-पानी–के जवाब में उसने कहा–"उसकी कोई जरूरत नहीं। ऐसे आदमी की सेवा करने का फर्ज हमारा बनता है। तुम इसको लेकर घर चले जाओ। गवाही के लिए बुलाए जाने पर उसे थाने भेज देना।"

दोनों बहुत खुश होकर थाने से बाहर निकले।

शहर से वापस जाने से पहले भौंपालू ने किमलू से कहा–"तेरी किस्मत बहुत अच्छी है। मेरी जिन्दगी में आज पहली बार ऐसा हुआ है कि किसी पुलिस के अफसर ने बगैर पैसा लिये काम कर दिया हो। यार, अद्धा ले लें? रात में घर पर जरा थकान मिटा लूँगा।"

"कितने दे दूँ?"

"मेरे खयाल में ऐसा कर, तू मुझे सौ रुपए दे दे। अभी तो तुझे गवाही के लिए भी यहाँ आना पड़ेगा। तेरे-मेरे बीच का हिसाब तब देख लेंगे बाद में।"

किमलू ने उसे सौ रुपए दे दिए। रुपए लेकर वह, 'अभी आता हूँ' कहता हुआ पुल से होकर नदी पर चला गया। वहाँ से आधे घंटे बाद लौटकर आया तो उसके कदम टेढ़े-मेढ़े चल रहे थे।

तीन दिन बाद किमलू के पास खबर पहुँची कि उसे गवाही के लिए कीर्तिनगर थाने पर बुलाया गया है। भौंपालू को साथ लेकर वह कीर्तिनगर पहुँचा। मालूम हुआ कहीं दूर देहात में कोई कत्ल का केस हो गया और थानेदार चौधरी को

अचानक वहाँ से चले जाना पड़ा। गवाही की नई तारीख की फिर से खबर भेज दी जाएगी, ऐसा बताया गया।

उस दिन भौंपालू ने किमलू से सिर्फ पचास रुपए की माँग की।

नई तारीख की सूचना आई।

"मैं तो आज अपने समधी के पास जाने की तैयारी कर रहा था, पर अब तुझे अध-पन्थ में छोड़कर नहीं जाया जा सकता। अधर्म की बात हो जाएगी।"

दोनों फिर थाने पर पहुँचे। चौधरी ने किमलू के बयान दर्ज किए।

"कल या परसों तू अपनी घरवाली और बेटे को लेकर आ जाना यहाँ। उनके बयान भी दर्ज करने होंगे।"

"घर का ताला लगाकर उन दोनों को एक साथ कैसे ला सकता हूँ साहब? मेरा मकान एकदम अकेली जगह पर है। गाय-भैंस सब भूखे रह जाएँगे।"

गाय-भैंस के भूखे रह जाने की बात जाट दारोगा को बहुत वाजिब बात जँची। एक मिनट चुप रहने के बाद वह बोला—"भौंपाल सिंह, मैं आऊँगा किमलू के घर पर। वहीं इसकी घरवाली और बच्चे के बयान भी दर्ज कर लिये जाएँगे।"

"किस दिन आएँगे साहब?"

चौधरी ने अपने आने का दिन तय करके बता दिया।

गाँव की ओर जाने से पहले भौंपालू ने किमलू से कहा—"आज मैं बहुत-बहुत खुश हूँ। दारोगा ने तेरी कुल परेशानियाँ दूर कर दी हैं। तेरे घर पहुँचकर वहीं बयान लेगा। मैंने तो ऐसी बात कभी सोची भी नहीं थी!"

"हाँ, मैंने भी नहीं सोची थी। ऐसा देवता आदमी!"

"आज मैं सचमुच खुश हूँ। तू ऐसा कर मुझे एकाध सौ रुपए दे दे। आज की खुशी में मैं एक पूरी बोतल ले जाऊँगा और साथ में कुछ मछलियाँ भी ले चलता हूँ घर पर पकाने के लिए।"

थानेदार चौधरी किमलू के घर पहुँच गया। चाय के होटल पर किमलू और भौंपालू उसका स्वागत करने के लिए मौजूद थे।

किमलू के घर पहुँचते ही चौधरी की नजर आँगन में खड़ी भैंस पर पड़ी। कुछ

देर खड़े होकर वह उसे देखता रहा। तब उसने अपनी बात कही—“तेरी भैंस तो मुझे बीमार लग रही है किमलू?”

“पता नहीं साब।”

“क्या पता नहीं है? अरे, साफ दिखाई दे रहा है तमस खा गई है। इलाज करवा ले इसका। स्टॉकमैन कहाँ रहता है यहाँ का?”

जवाब भौंपाल सिंह ने दिया—“जानवरों का अस्पताल कीर्तिनगर में है साब। वहीं होगा पशुओं का कोई कम्पाउंडर।”

“कीर्तिनगर से इधर कोई नहीं?”

“एक था साब। जानवरों का कम्पाउंडर। वह बन्दूक लेकर जंगल-जंगल घूमता रहता था। कच्ची-पक्की, जो भी मिल जाए, चढ़ा लेता था। हर वक्त पिए रहता था।

“जानवरों के साथ-साथ वह आदमियों का भी इलाज करने लगा था। हमारी तरफ आदमियों का कोई डॉक्टर तो है नहीं। उसकी घर-घर से माँग आने लगी। इंजेक्शन तक लगा देता था मरीज को।

“उसकी इतनी चलत हो गई कि उसने सरकारी नौकरी से इस्तीफा दे दिया और आदमियों का इलाज करने लगा।”

“वह डॉक्टर कभी तुम्हारे घर पर आया था किमलू? तुमने उसे देखा था कभी?”

“ना साब, मैंने उसे कभी नहीं देखा। वह मेरे घर क्या करने आता? लोगों से सुनता था एक पशु डॉक्टर है जो आदमियों की डॉक्टरी करने लगा है?”

“और शिकार भी करता रहता था?”

जवाब भौंपालू ने दिया—“जंगलों में ही पड़ा रहता था साब।”

चौधरी ने घटनास्थल का कागज पर एक कच्चा नजरी नक्शा तैयार किया। किमलू के बच्चे और उसकी माँ के बयान दर्ज किए।

“अब क्या होगा साब? मेरा माल उड़ानेवाले कभी पकड़ में आएँगे साब, मेरा माल और रकम बरामद होंगे कभी?”

“अपनी भरसक कोशिश करूँगा कि डाकू हाथ लग जाएँ। पकड़ में आ जाएँगे तो गवाही और शिनाख्त के लिए तुम्हें बुलवा लूँगा। तुम उनको पहचान लोगे?”

“हमारे सामने उन्होंने अपने मुँह खोले ही नहीं।”

“उन्होंने तुम्हारे घर पर खाना खाया?”

बन्ता ने खुलासा किया—“खाना खाते वक्त उन्होंने हमारी तरफ पीठ कर ली थी। उनकी सूरत तो हम देख ही नहीं पाए!”

"कैसे कपड़े पहने थे?"

"दोनों लुंगी पहने थे। ऊपर से चादरें ओढ़ी थीं।"

"सूती चादर कि ऊनी?"

"सूती चादरें थीं साब।"

"कैसी कद-काठी के लोग थे?"

"एक तो साब, बिल्कुल ऐसी ही कद-काठी का था जैसा भौंपालू भाई है। इतना ही लम्बा। इनके जैसा मोटा। और दूसरा इनसे ऊँचाई में कम लग रहा था। जरा कम।"

"जो आदमी भौंपालू जैसा लग रहा था उसकी आवाज पहचान सकते हो किमलू?"

"उसके मुँह से तो एक भी जुबान नहीं निकली साब। बोलने-डाँटने-धमकाने का काम वह दूसरा डाकू ही करता रहा साब।"

चौधरी ने भौंपालू को कहा—"भौंपालू, अब तू ही आ रहा है पकड़ में। मेरे हाथ डाकू पड़ गए तो ठीक। नहीं मिलते तो लगता है अब तुझे ही गिरफ्तार करना पड़ेगा। कद-काठी के हिसाब से तेरी शिनाख्त हो ही गई है।"

कमरे के अन्दर हँसी की एक लहर फैल गई।

कुछ दिन तक उस घटना का इलाके में आतंक फैला रहा। लोग आपस में बातें करते हुए सरकार और पुलिस को खरी-खोटी सुनाकर अपना रोष प्रकट कर लेते। बाद में उसके बारे में लोगों की याद धीमी पड़ने लगी। किमलू कीर्तिनगर नहीं गया। कभी-कभार भौंपालू मिल जाता तो उसी के पास अपना दुखड़ा सुना लेता।

क्या किया पुलिस ने? कुछ भी तो नहीं किया। उसकी समझ में यह बात पक्की तौर पर बैठ गई थी कि अब उसकी डकैती के मामले में पुलिस की ओर से किसी किस्म की कार्रवाई नहीं हो सकेगी। वह पूरी तरह निराश हो चुका था।

अचानक एक दिन किमलू को टिहरी के ज्यूडिशियल मजिस्ट्रेट की अदालत से एक केस में हाजिर होने की सूचना मिली। तहसील का चपरासी, जो सम्मन लेकर आया था, उसने कोई कागज किमलू को नहीं दिया। उसने एक कागज पर किमलू की निशानी अँगूठा लगवा दी और अदालत में तय तारीख की जुबानी सूचना दे दी। इलाके में यह खबर फैल गई कि किमलू के मामले में कोई सख्त

कार्रवाई होने लगी है और सुनवाई टिहरी में होगी।

भौंपालू पर फिर जोर पड़ने लगा कि वह नाजानकार किमलू की मदद करने के लिए उसके साथ सुनवाई की मुकर्रर तारीख पर टिहरी चला जाए।

भौंपालू की मौजूदगी में चायखाने पर लोग आपस में बातें कर रहे थे।

शिवसिंह—"भौंपालू! ऐसा सुना है टिहरी का कोर्ट अब वहाँ से हटाकर नई टिहरी भेज दिया गया है?"

भौंपालू—"हाँ, मैंने भी ऐसा ही सुना।"

हरीराम—"पहले से तो कुछ पता नहीं था इस बारे में?"

पातीराम—"टिहरी में तो सुना जा रहा था वहाँ के सब वकील अपने बसाए जाने की व्यवस्था होने से पहले कोर्ट को नई टिहरी ले जाए जाने के खिलाफ हड़ताल कर रहे हैं और धरना दे रहे हैं?"

सितानू—"परसों तेजरामजी टिहरी से लौटकर बता रहे थे वकील लोग जज की कोठी पर धरना दे रहे हैं।"

देबू—"और जज कहाँ गया?"

भौंपालू—"जज आधी रात में टिहरी से नई टिहरी भाग गया। अब अदालतें वहीं लगने लगी हैं।"

रामसिंह—"टिहरी से नई टिहरी जाने में कितना टाइम लगता है?"

भौंपालू—"टिहरी से वहाँ जाने में एक घंटा लगता है, पर वहाँ के लिए कोई बस नहीं मिलती। कभी-कभी आधा-आधा दिन बस के इन्तजार में खड़ा रहना पड़ता है।"

दशरथ—"अदालत-कचहरी में जानेवालों को अब बहुत मुश्किल हो जाता होगा?"

भौंपालू—"जो बस नई टिहरी ले जाती है, वह सवारियों को कछेड़ी से एक किलोमीटर नीचे छोड़ देती है। तब आगे का रास्ता लोगों को खड़ी चढ़ाई पर चलते हुए पार करना पड़ता है।"

कसरू—"कोई ऐसा भी बता रहा था कोर्ट में पेशी खत्म हो जाने के बाद लोगों को फिर नई टिहरी से टिहरी आने के लिए भी आसानी से गाड़ियाँ नहीं मिलतीं। और जब तक टिहरी पहुँचो तब तक वहाँ से बाहर की ओर जानेवाली गाड़ियाँ छूट चुकी होती हैं।"

रामसिंह—"और टिहरी लौटकर हर हालत में रात टिहरी में ही गुजारनी पड़ती है।"

पातीराम—"पहले हम लोग सुबह अपने घरों से टिहरी जाते थे, दिन भर काम

करवाने के बाद शाम की गाड़ी से अपने घर लौट आते थे।"

भौंपालू–"अब पहले दिन टिहरी जाओ। दूसरे दिन नई टिहरी में दफ्तर-कछेड़ी में काम करवाने के बाद फिर टिहरी आकर वहीं डेरा डालो। नई टिहरी बहुत ऊँचाई पर बसा है। वहाँ रात गुजारने का कोई साधन नहीं। अब तीसरे दिन से पहले अपने घर नहीं लौटा जा सकता।"

पातीराम–"टिहरी बाँध में जिनके घर-बार डूबेंगे उनका तो कुछ न कुछ इन्तजाम हो जाएगा। लेकिन बाकी लोग ताजिन्दगी यों ही धक्के खाते रहेंगे। सबसे ज्यादा मुसीबतें हमारी ही बढ़ती जाएँगीं।"

घर से चलकर सड़क पर। वहाँ से मोटर सड़क तक भी पैदल। अपने मददगार भौंपालू को साथ लेकर चल रहे किमलू ने टिहरी की बस पकड़ी। रात किसी होटल में गुजारी।

भौंपालू किमलू को लेकर एक वकील तेजसिंह के पास गया। वकील को पूरा किस्सा बताया कि किस तरह रात के अँधियारे में किमलू के घर पर डाका डाला गया था और अब कल की पेशी है। वकील ने फीस लेने के बाद कल कोर्ट में मिलने को कहा।

वकील केस के बारे में पता लगाने के लिए कोर्ट के कमरे में गया। कुछ देर बाद लौटा। मालूम हुआ कि उस केस में फाइनल रिपोर्ट लग गई है। पुलिस किसी मुलज़िम का पता नहीं लगा सकी। लिहाजा फाइनल रिपोर्ट लगाकर केस को समाप्त करने के लिए अदालत से प्रार्थना की जा रही है। और साथ ही यह भी बताया कि इससे पहले दो बार पेशियाँ लगी हैं जिनमें किमलू हाजिर नहीं हुआ। इसलिए आज उसे जमानत पेश करनी पड़ेगी।

किमलू की कुछ भी समझ में नहीं आ रहा था कि वकील साहब क्या बोल रहे हैं।

"हे साब! मेरे घर पर जिन्होंने डाका डाला उनका पुलिस पता नहीं लगा पाई। और अब मुझको कहा जा रहा है कि मैं जमानत पेश करूँ? पहले मार फिर महामार किस बात की जमानत वकील साहब?"

"ये कानून के पेच हैं, जो तुम्हारी समझ में नहीं आ सकते। आ जाते तो हम वकीलों की जरूरत नहीं पड़ती।"

उस दाँव-पेच को न समझने के कारण पैसा पानी की तरह बहने लगा था।

वकील की फीस कल रात दे दी थी। होटल में ठहरने का किराया। भौंपालू का खाने का, बीड़ी-सिगरेट, चाय का और पीने का खर्चा। अब अपनी जमानत करवाने के लिए अलग खर्चा।

भौंपालू साथ में है। जानकार आदमी। वह जामिन बन सकता है, पर जमानत के कागजात के साथ उसके खाते की नकल पेश करना जरूरी है। सिर्फ हलफनामे से काम नहीं चल सकता कि मेरे पास इतना बड़ा रिहाइशी मकान है, इतनी जमीन है, जिसका मैं मालिक भूमिधर हूँ कि वह जमीन-जायदाद किसी के पास रेहन नहीं रखी है। हलफनामे में यह सब तो लिखना ही पड़ेगा लेकिन अदालत तब सन्तुष्ट होगी जब जामिन की भू-सम्पत्ति के मालिकाना हक का खुलासा करनेवाली खसरा-खतौनी की नकल भी उसके सामने पेश कर दी जाएगी।

किमलू को लेकर भौंपालू रेकॉर्ड ऑफिस में गया। खसरा-खतौनी की नकल अर्जेंट चाहिए। अर्जेंट नकल यूँ ही नहीं मिला करती, उसके लिए जेब ढीली नहीं करनी पड़ती, जेब खाली कर देनी पड़ती है। जेब के अस्तर के कपड़े उल्टा करके बता दो—अब मेरी जेब में और कुछ बचा नहीं रह गया है।

मुंशी, जो जमानतनामे के कागजात को तैयार करने में, भाग-दौड़ कर रहा है और लिखा-पढ़ी कर रहा है, वह अपना पूरा खर्चा लिये बगैर कागजात को आगे नहीं बढ़ा सकता। यह बात किसी के बताने की नहीं है, अपनी समझ से जान लेने की होती है।

दिन भर इन्तजार करते रहने के बाद किमलू के केस की पुकार लगी। ऊँचे तख्तों के ऊपर लगी कुर्सी पर बैठे हाकिम ने पूछा—"परिवादी आया है?"

वकील ने मिमियाकर कहा—"परिवादी हाजिर है हुजूर!"

उतना सुन लेने के बाद हाकिम ने पेशकार द्वारा अपने सामने आदरपूर्वक रख दी गई मिसिल से अपना रुख हटाकर अपनी छोटी-छोटी आँखों से एक बार अत्यन्त कृपापूर्वक कठघरे में खड़े किमलू की ओर देखा। एक मारक नजर।

तब उसने मुँह से कुछ बोलने के बजाय आँखों को जरा-सा चौड़ा करते हुए सरकारी वकील की ओर प्रश्नवाचक नजरें घुमाईं।

अपने कार्य में दक्ष सरकारी वकील हाकिम इजलास की नजरों का इशारा समझ गया।

"हुजूर! पिछली दो पेशियों पर हाजिर नहीं हुआ था।"

विद्वान हाकिम इजलास को भी इशारा समझने में कोई देर नहीं लगी। कोर्ट मोहर्रिर को हुक्म—"इसे अन्दर कर दो।"

कोर्ट मोहर्रिर ने हाकिम के मुँह से बात पूरी होने से पहले किमलू की कलाई पकड़कर उसे कमरे से बाहर की ओर धकेला। किमलू को खींचते हुए वह हवालात की कोठरी में ले गया।

ताला खुलवाया और उसे उसके भीतर धकेलकर वहाँ से लौट आया। उसके वहाँ से जाते ही बाहर खड़े एक सिपाही ने कोठरी पर बाहर से फिर से ताला जड़ दिया।

उस कोठरी के अन्दर उस वक्त एक-दूसरे से अपरिचित, अलग-अलग गाँवों, अलग-अलग पट्टियों, अलग-अलग तहसीलों के कुल सात लोग बन्द थे।

सिंगोरी का बदरील। आज उसकी पहली पेशी थी। उसे पूरे गाँव को अपनी मातहती में रखने के शौकीन एक ग्रामवासी सोभनसिंह ने एक झूठे मुकदमे में फँसा दिया था। गरीब आदमी! आज की हाजिरी की तारीख पर अपने साथ कोई जामिन लेकर नहीं आया था। वकील के अनुनय-विनय करने पर भी अदालत उसे व्यक्तिगत मुचलके पर रिहा करने को तैयार नहीं थी।

मरोड़ा का विशाल। मुकदमे में पिछली दो पेशियों पर अपनी घर की मजबूरियों के कारण हाजिर नहीं हो पाया था। किसी अन्य व्यक्ति के हाथ वकील की फीस भी नहीं भेज पाया था। फीस न मिलने पर वकील पेशी पर हाजिर होने से कन्नी काट गया।

जाखाल का देवीसिंह। साहूकार का कर्जा अदा न कर पाने के कारण सिविल कोर्ट में साहूकार द्वारा जेल खर्चा जमा कर दिए जाने के फलस्वरूप जेल भेजा जा रहा था।

रामगाँव के रामू की आज सुनवाई की तिथि मुकर्रर थी। उसके एक जामिन ने प्रतिपक्षी से मिलकर, और उससे कुछ भारी रकम लेकर, आज अचानक अदालत में अर्जी पेश कर दी कि वह अपनी जमानत को वापस ले रहा है। अदालत ने रामू की ओर से तत्काल कोई नई जमानत पेश न किए जाने पर उसे बन्द करने का हुक्म दे दिया।

कोट गाँव का कीर्तिसिंह। एक कत्ल के मामले में गिरफ्तार होकर आया था। उसकी जमानत की अर्जी पर वकील सरकार द्वारा कागजात मँगाने के लिए समय दिए जाने की प्रार्थना को मंजूर करते हुए न्यायाधीश ने एक हफ्ते बाद सुनवाई नियत कर दी थी।

सेम का भगवान सिंह। साल-भर पहले एक खरीदार केशू से अपनी भैंस को खूँटे से खोलकर अपने घर ले आया। पुलिस-अधिकार-प्राप्त पटवारी ने उसे चोरी के केस में फँसा दिया और गिरफ्तार कर अदालत में पेश कर दिया।

इन सात लोगों के अलावा और भी कई लोग विभिन्न अदालतों में चल रहे मामलों में पेशियों पर ले जाए गए थे।

लेकिन किमलू के जैसा वहाँ कोई दूसरा आदमी बन्द नहीं था। ऐसा आदमी जिसके घर पर डाका पड़ा हो और, किसी प्रकार की सूचना पाए बगैर, अदालत में हाजिर न होने के अपराध में जिसे बन्द कर दिया गया हो। मुलज़िम की तलाश न कर पानेवाली व्यवस्था परिवादी प्रार्थी को ही बन्द करने पर उतारू हो गई थी।

ऐसा कर देने से उस परिसर में बैठे कई किस्म के लोगों के सीधे शुभ-लाभ की राहें खुल रही थीं। मुंशी से लेकर टिकट विक्रेता और वकील। कोर्ट साहब से लेकर कोर्ट मोहर्रिर और सिपाही। पेशकार और अदालत के चपरासी से लेकर तमाम दूसरे बाबू लोग और अन्त में ऊँची कुर्सी पर विराजमान न्यायप्रिय हाकिम।

जब एक आदमी को, वह कसूरवार हो चाहे निर्दोष हो, बन्द करने का हुक्म दिया जाता है तो उसकी और उसके पैरोकारों की जेबों से पैसा बाहर निकलने लगता है और वहाँ से निकल-निकलकर कई लोगों की जेबों के अन्दर जमा होने लगता है।

किमलू के बन्द हो जाने के बाद उसे बाहर निकालने के लिए भौंपालू पैसा बहाने लगा था। जमानत की अर्जी केस के पुकारे जाने से पहले पेश कर दी गई थी। उस पर तत्काल निर्णय देने के बजाय हाकिम ने वकील सरकार से रिपोर्ट की माँग कर दी। अपनी रिपोर्ट देने के लिए कोर्ट साहब की सेवा में वकील ने मुंशी को भेजा, बाद में खुद भी जाकर बात की।

मुंशी से सेवा स्वीकार कर लेने के बाद वकील सरकार ने रिपोर्ट प्रस्तुत कर दी। उसने जमानत की अर्जी पर एतराज लगा दिया था। एक लम्बी, गोल-मोल रिपोर्ट, जिसमें वास्तविक स्थिति भी स्पष्ट न कर दी गई थी कि कानून के अनुसार अपराध जमानत दिए जाने योग्य है लेकिन, अन्त में लिखा था—"बेल इज़, हाउएवर, अपोज़्ड ऐट दिस स्टेज।"

अपनी रिपोर्ट में उसने अपने को दोनों तरफ से बचाकर रखा था। हाकिम कभी-कभी पूछ बैठते हैं—"आपने स्पष्ट नहीं किया कि अपराध में कानूनी तौर पर जमानत दी जा सकती है या नहीं।"

और वही हाकिम ऐसा भी पूछ लिया करते हैं—"क्या बात है कोर्ट साहब, आप खुद ही जमानत मंजूर किए जाने की रिपोर्ट लगा देते हैं।"

हाकिम कोर्ट अपनी मर्जी के अनुसार जैसा चाहें आदेश कर लें।

लेकिन वह रिपोर्ट उस दिन साहब के सामने पेश नहीं हो पाई।

मुंशी के हाथ से अपनी चुंगी को दाखिल पॉकेट कर लेने के बाद पेशकार ने मायूस होकर किमलू के वकील साहब को बताया—"साहब घर चले गए हैं; जमानत अर्जी कल ले ली जाएगी और किमलू के केस में लगी फाइनल रिपोर्ट की सुनवाई के लिए एक महीने बाद की तारीख लगाने का आदेश कर गए हैं।"

वकील को मालूम है, जरूरत पर साहब अपने घर पर भी जमानत मंजूर कर लिया करते हैं। लेकिन वे दूसरी किस्म के मुलज़िमान होते हैं जिनकी अर्जी की साहब के घर पर ही सुनवाई होने लगती है।

बहुत सारे कैदियों के साथ किमलू नई टिहरी जेल की ओर चला। टिहरी घाटी में एक विशाल बाँध बनाया जा रहा है। उस नगर को हर हालत में पानी में डुबो दिया जाना है। कई सिरफिरे लोग उस योजना को मानवता के भविष्य के लिए विनाशकारी मानते हैं और विरोध कर रहे हैं। प्रशासन की ओर से लोगों को जबर्दस्ती टिहरी नगर से हटाने की कोशिशें की जा रही हैं। उन्हें अपने पुश्तैनी रिहाइशी घरों को खाली कर वहाँ से कहीं और जाने को कहा जा रहा है।

लोगों को आतंकित करने के लिए निर्माण कम्पनी ने एक हजार बाँस की लाठियाँ मँगवाकर अपने गोदाम में रखवा ली हैं। इनका इस्तेमाल मौका पड़ने पर आम आदमियों पर लाठी चार्ज करने के लिए पुलिस को करना है।

गरीब पुलिस के पास इतनी सारी लाठियाँ नहीं हैं। कम्पनी हर तरह से पुलिस की गरीबी को दूर करने में जुटी रहती है।

सामन्ती गुलामी से टिहरी रियासत की प्रजा की आजादी के लिए चौरासी दिनों तक लम्बी भूख हड़ताल कर अपनी कुर्बानी देनेवाले अमर शहीद श्रीदेव सुमन की ऐतिहासिक कोठरी को समूल तोड़कर उसकी मिट्टी-पत्थरों को अन्यत्र ले जाने के लिए ठेकेदार को जिम्मा सौंप दिया गया है।

टिहरी जेल को पूरी तरह नष्ट कर दिया गया है। अभी कुछ ही दिन पहले वहाँ के कुल कैदियों को वहाँ से हटाकर नई टिहरी में बनाई गई जेल में पहुँचा दिया गया था।

किमलू एक पहाड़ की खोह में बनाई गई जेल के बाहर उसकी सीढ़ियाँ चढ़ने की तैयारी कर रहा था। तभी अचानक वहाँ पुलिस की एक गाड़ी पहुँची और एक झटके के साथ सीढ़ियों के पास आकर रुक गई।

पीछे बैठे पुलिस के कुछ जवानों ने एक दाढ़ी वाले बूढ़े आदमी को हाथ-पाँव से पकड़ा और किसी आलू के बोरे की तरह गाड़ी से उठाकर जमीन पर पटक दिया। उसके जमीन पर पड़ते ही हल्ला फैल गया कि उस आदमी का नाम सुन्दरलाल बहुगुणा है। टिहरी बाँध के बनाए जाने का प्रमुख विरोधी।

तमाम बन्दियों के साथ वहाँ पर खड़े किमलू ने देखा कि जेल से बाहर पीछे की पहाड़ी के टीले पर अपने बँगले के आँगन में जिलाधिकारी स्वयं खड़े होकर उस कार्रवाई का निरीक्षण करता जा रहा है। लोगों ने बताया कि वह डी.एम. साहब खड़े हैं।

नई टिहरी जेल में एक रात बिताने के बाद किमलू एक समझदार, तजुर्बेकार आदमी बन गया। वह सब कुछ समझने लगा। अपनी गिरफ्तारी का राज उसकी समझ में आ गया।

दूसरे दिन शाम के वक्त उसकी जेल से रिहाई हो पाई। भौंपालू उसे छुड़ाने के लिए अपने परिचितों से काफी कर्जा ले चुका था। जेल से बाहर निकलकर वे दोनों टिहरी पहुँच गए।

उजाड़े जा रहे टिहरी शहर में अभी रौनक बाकी थी। वे एक होटल में चले गए। दूसरे दिन अपने गाँव में पहुँचे। इलाके में हल्ला फैल गया था कि किमलू को जेल में बन्द कर दिया गया है।

उसके बाद की पेशियों पर किमलू नई टिहरी अकेला ही जाने लगा। हर पेशी पर वह नई टिहरी आता रहा और वहाँ से अपने गाँव जाता रहा।

पाँच पेशियों पर किमलू अपने वकील के पास एक बार भी नहीं गया। अपने केस की पुकार सुनने के लिए वह खुद ही अदालत के बाहर बैठ जाता था। किसी पुलिस के कारिन्दे या पेशकार को उसने एक धेला भी नहीं दिया।

पुलिस डाके के मुलज़िमान को पकड़ने में असफल हो गई थी। उसके मामले

में उसने फाइनल रिपोर्ट लगा दी थी। उसने रिपोर्ट में लिख दिया था—**मुलज़िम अज्ञात**।

वह रिपोर्ट और उसी तरह की सैकड़ों फाइनल रिपोर्टें महज स्वीकृति के लिए मजिस्ट्रेट के पास लम्बित पड़ी थीं। मज़िस्ट्रेट जान-बूझकर उन सबको टालता जा रहा था।

अपराधी खुले घूम रहे थे, पीड़ित परिवादी मारे-मारे फिरने लगे थे। आइन्दा पेशियों पर अदालत में गैरहाजिर न होने के लिए उन्हें जमानतें पेश करनी पड़ रही थीं। उसकी रिपोर्ट के स्वीकार होने या न होने से अब किमलू की जिन्दगी पर कोई फर्क नहीं पड़ने वाला था। वह अन्तहीन समय तक इन्तजार करने को तैयार था।

किमलू के लिए मुलज़िम अब अज्ञात नहीं रह गए थे। वह मुलज़िमान को बहुत अच्छी तरह से पहचानने लगा था।

विद्यासागर नौटियाल

29 सितम्बर, 1933—12 फरवरी, 2012

1 मार्च, 2004 को देहरादून में लिखी गई यह कहानी सर्वप्रथम साहित्यिक पत्रिका *अन्यथा* के जून 2004 प्रवेशांक में प्रकाशित हुई।

कम्यूनिस्ट विचारधारा के प्रबुद्ध कथाकार, साहित्यकार तथा लेखक। उत्तराखंड की पुरानी टिहरी रियासत में जन्म। आरम्भिक शिक्षा देहरादून से पाने के बाद बनारस हिन्दू विश्वविद्यालय से स्नातक अध्ययन, जहाँ वह कवि केदारनाथ सिंह तथा आलोचक नामवर सिंह के सम्पर्क में आए।

यद्यपि उनकी पहली कहानी *मूक बलिदान* थी, किन्तु *भैंस का कट्या* कहानी से वह चर्चित हो गए। इसे रूसी कथाकार वी. चार्निशोव ने रूसी में अनूदित किया। विद्यासागर जी की कहानियों के कथानक उत्तराखंड के ग्रामीण अंचल में बसे हैं, जिनमें उस क्षेत्र के सीधे-सादे कठोर जीवन, सामाजिक-मूल्यों, संघर्षों तथा लोक-जीवन की तस्वीरें जिन्दा हो उठती हैं।

विद्यासागर नौटियाल जी के उपन्यासों में *झुंड से बिछड़ा, उत्तर बयान है भीम अकेला, यमुना के बेटे* तथा कहानी संग्रहों में *दस प्रतिनिधि कहानियाँ, सूरज सबका है* तथा *मोहन गाता जाएगा* सर्वाधिक चर्चित हैं। उनकी कहानी *नाथ* पर टेलीफिल्म का भी निर्माण हुआ, जो अत्यन्त लोकप्रिय रही।

समाज में वंचितों के स्वर को प्रतिनिधित्व देने के लिए नौटियाल जी राजनीतिक जीवन में भी सक्रिय रहे व देवप्रयाग से उत्तर प्रदेश विधानसभा के प्रजस्वी सदस्य रहे।

हृदयेश

# घड़ियाल

वह लड़की कचहरी में तीन बजे ही आ गई थी। साथ में उसका बाप था और दूसरे दो-तीन गवाह। तलवार मार्का मूँछवाला थाने का वह सिपाही भी था, जिसकी बाबत रोजनामचे में इन्दराज किया गया था–बसिलसिले पैरवी मुकदमा इलजाम नम्बर 87 धारा 376 ताजीरात हिन्द, सरकार बनाम बनवारी, कांस्टेबिल नम्बर सी.पी. 414 अंगदसिंह बतारीख...9 बजकर 30 मिनट पर थाने से रवाना हुआ।

सिपाही अंगदसिंह की ग्यारह साल की मुलाजिमत थी और पचासों बार वह पैरवी में कचहरी आ चुका था, इसलिए किन स्थितियों में चीजों को कहाँ से पकड़ना चाहिए, इसका उसे काफी तजुर्बा था। उसने आते ही सरकारी वकील मुंशी को खोजा और उसे यह पता चलते देर न लगी कि सरकार की ओर से इस मुकदमे का संचालन कौशल किशोर अस्थाना करेंगे और केस डायरी तथा मिसिल उनके पास ही है। तब वह कौशल किशोर की खोज करने लगा।

मुकदमे की सुनवाई यों कल से होनी थी, पर पैरवी का मतलब कि सरकार की ओर वाला वकील अपने गवाहों को पहले से जाँच-परख और गवाही में उनको क्या-क्या कहना है और क्या-क्या नहीं, ये सब अच्छी तरह सिखा-पढ़ा दे। मुकदमा सजायाब हो जाने पर चालान कुनिन्दा दारोगा की सूझ-बूझ और कार्य-दक्षता पर मोहर ठुक जाती है और सरकारी वकील की भी अपनी योग्यता और निपुणता पर सही का निशान लग जाता है।

मामला लड़कीबाजी का था। सुक्खागंज गाँव के पीतम भुर्जी की लड़की रोहनी की उम्र यों अभी पन्द्रह साल की ही थी, पर उसकी देह उम्र से कहीं आगे निकल चुकी थी। वह उस कोरे बर्तन की तरह थी, पकने के बाद जिसमें गन्ध, सुघड़ता, आभा, रंग सब कुछ आ जाता है और टकोरने पर जो आवाज करता है–"मैं पूर्ण हूँ!"

पीतम भुर्जी की आर्थिक स्थिति इस प्रकार की नहीं थी कि लड़की के विवाह के लिए उसे भूख-प्यास खो देनेवाली चिन्ता जैसी करनी चाहिए वैसी वह करता। वह वर के लिए टोह कर रहा था, पर अपने सुभीते से। और तभी वह दुर्घटना घट गई।

रोहनी सुबह के समय दिशा-मैदान को गई हुई थी। गोकुल चमार के लड़के बनवारी की आँख उस पर बहुत दिनों से लगी थी। वह उसकी बखरी की ओर

से गुजरते हुए गीत गाया करता था—"गोरी तेरे नयना बड़े मतवारे" और डगर या कुएँ पर अकेली देखकर उसे कंकड़ी मारता और फिर हँस देता था। बनवारी ने उसे पकड़ लिया और पास की उखाड़ी में ले गया। वहाँ उसने वह सब किया जो एक युवा आदमी एक युवा औरत के साथ करता है। रोहनी ने जब पाया कि उसकी धोती पर खून के दाग ही दाग हैं तो वह घबड़ा गई।

दिशा-मैदान के लिए किशन पंडित भी उधर ही आया था। उखाड़ी में जब उसने ईख के टूटने व चरमराने की आवाज सुनी तो उसकी निगाह उधर ही गड़ गई और रोहनी व बनवारी के बाहर निकलते ही उसकी पचास साला आँखों ने समझने में देर नहीं की कि किस्सा क्या है?

किशन पंडित ने शोर किया। खेतों से दस-पाँच लोग लपक आए। बनवारी तो भाग निकला, लोकिन रोहनी जो पहले से ही घबड़ाई हुई थी, खड़ी-खड़ी फुक्का मारकर रोने लगी। यों पूछने की कोई खास जरूरत नहीं थी, फिर भी पूछा गया और उसने राई-रत्ती सब बता दिया।

किशन पंडित ने पीतम को बुलवा भेजा, सब कुछ जानने पर जिसे साँप सूँघ गया।

"पीतम, तू सीधे थाने जा और बनवारी के खिलाफ रपट दर्ज कर आ। घबड़ाहट लगे तो साथ में चौकीदार को ले ले।" किशन पंडित ने उससे कहा। वह उस किस्म का ब्राह्मण था जो ऊँची जाति के आधार पर अपने को बुद्धि में भी ऊँचा मान लेता है और हर स्थिति में दूसरे के लिए निर्णायक बन जाता है, एक हक के रूप में।

बनवारी या उसके पिता गोकुल से उसकी किसी प्रकार की टकराहट नहीं थी, पर इसके बावजूद उनके प्रति उसमें कोई नरम सुझाव इसलिए नहीं हो सकता था, क्योंकि वे शूद्र थे और शूद्रों का इतराकर या उल्टा-टेढ़ा चलना शास्त्र की दृष्टि से दंडनीय था। फिर कहीं उसके अन्दर यह भावना भी थी कि जो दंड देता या दिलवाता है, वही बड़ा और उच्च है।

"मेरी नाक तो कट चुकी है महाराज! अब पुलिस-थाना कर जिन्होंने कटी नाक नहीं देखी है, वे भी देख लेंगे।" पीतम रुआँसा-सा बोला।

"क्या कहा? रपट नहीं करेगा?" किशन पंडित चौंका। "चमट्टे ने तेरी इज्जत उछाली है और तू उसे यों ही छोड़ देगा? ...तू पुलिस से जुर्म छिपाएगा और पता लग जाने पर उलटे पुलिस तुझे परेशान करेगी। ...होश न खो और जा रपट लिखा आ।"

दूसरे सवर्ण जो वहाँ जमा हो गए थे, उन्होंने भी किशन पंडित की राय का समर्थन किया। उनका कहना था कि बनवारी को जेल भिजवाने से तो भले ही पीतम की बदनामी दब जाए, मसोट साध लेने से तो वह निश्चय ही नहीं दबेगी, बल्कि सोचा यह जाएगा कि सारे मामले में पीतम की लड़की का भी कहीं अपना दोष था।

पीतम में अपनी कोई समझ नहीं थी। वह परमुखी था। अलमोनियम की एक कटोरी या गज-दो गज मारकीन के टुकड़े तक की खरीदारी में वह दूसरे के चुनाव का मोहताज रहता था। थाने न जाने के लिए उसने जो हीला-हवाला किया था तो वहाँ औचित्य-अनौचित्य से अधिक पुलिस के हौए का डर और तज्जनित घबड़ाहट थी। पर जब उसे इतने सबल और समर्थ लोग उधर ही हाँकने लगे, तब उसने उधर जाना स्वीकार कर लिया, क्योंकि उस हाँक की अवज्ञा करने में कहीं उससे भी बड़ा डर और घबड़ाहट थी।

थाने में मुंशी ने लड़की, उसके पिता और साथ आए अन्य लोगों से पूरी सचूना बटोरकर अपराध का रूप देनेवाली इबारत में घटना की रपट लिख ली और अन्त में नीचे रोहनी का अँगूठा लगवा लिया कि रपट उसने पढ़कर सुना दी है, जो कुछ उसने बोला लफ्ज-ब-लफ्ज वही अंकित है और उसके अलावा

कुछ नहीं लिखा गया है।

जो मुकदमा दो साल पहले कायम हुआ था, प्रारम्भिक कार्यवाही के बाद उसकी सुनवाई कल से शुरू होने जा रही थी।

सिपाही अंगदसिंह ने कौशल किशोर अस्थाना को तलाश कर लिया था। वह एक अन्य मुकदमे में एक अदालत में व्यस्त थे और जब वहाँ से फारिग होकर बाहर निकले, अंगदसिंह ने बाकायदा सलाम मारते हुए अपने आने का उद्देश्य जाहिर कर दिया।

"गवाह सब आ गए?"

"हाँ हजूर, कल जिनकी पेशी है उनको साथ ले आया हूँ। और परसों की पेशीवाले कल आ जाएँगे।"

वह लड़की और दूसरे गवाह नीम के पेड़ के नीचे बने चबूतरेनुमा पक्के घेरे पर बैठे थे। उस लड़की को कई लोग घूर चुके थे। उधर से आवाजाही कुछ ज्यादा ही बढ़ गई थी, जैसे वही रास्ता आम व सुविधाजनक हो। एक मुंशी के हाथ

से एक टिकटचस्पाँ दरखास्त गिर गई और उसे उठाते-उठाते उसने कसाई वाली नजर से लड़की का जिस्म ऊपर से नीचे तक कूत डाला। दो बाबू आगे-पीछे उधर से गुजरे और उन्होंने अपनी निगाह उसके कपड़ों के अन्दर तक डाल दी। कौशल किशोर अस्थाना ने अपने गवाहों को देखते हुए उस लड़की को भरपूर नजर से देखा। घर से बाहर चलते हुए लड़की ने चटक पीले रंग की धोती और फूलदार जम्फर पहन लिया था और वह भूख को भड़का देनेवाले ढंग से परोसी गई किसी थाली सरीखी दिख रही थी।

"हुजूर, गवाहों को दौलतखाने पर शाम को हाजिर करूँ या सुबह?" अंगदसिंह ने पूछा।

"सब्र करो, बताऊँगा। दस मिनट रुको। दम ले लूँ।"

अधपकी उम्र के भारी डील-डौल वाले कौशल किशोर चबूतरे से हट आकर अपने बिस्तर पर बैठ गए। वह अपने पेशे में एक जमे हुए वकील माने जाते थे जिनमें स्थिति के अनुरूप व्यूह-रचना करने की अद्भुत क्षमता थी। उनके पास काम की कमी न रहती थी। वह कमी इसलिए भी नहीं रहती थी क्योंकि आम लोगों के मामलों के अलावा सरकार की ओर से भी मुकदमों का संचालन करने की उनको सुविधा प्राप्त थी। यह सुविधा उन्होंने आठ साल पहले एक जिला जज को दावत देकर पा ली थी, जो स्वयं भी जाति का अस्थाना था। तब से नामिका वकीलों की सूची में उनका नाम बराबर चला आ रहा था। पैसों की तंगी

न होने के कारण वह ढंग से रहते थे और उनके जूते से लेकर कोट की जेब में लगे रूमाल व कमीज के कॉलर तक में एक रख-रखाव होता था। मगर औरतों को लेकर उनमें कमजोरी थी। कोई भी आँका-बाँका चेहरा या सुघड़, तराशी गई देह उनको फिसलाने लगती थी। यह फिसलाहट तब कुछ और भी ज्यादा बढ़ जाती जब उस चेहरे या देह का पाना जोखिम भरा नहीं होता था।

कौशल किशोर ने मुंशी द्वारा तैयार की हुई चार-पाँच दरखास्तों पर दस्तखत कर दिए। दरखास्तें सामने से हट गई थीं, पर वह लड़की नहीं हटी थी। वकालतखाने का प्याऊ हरचरन पानी दे गया था और उन्हें लगा, लड़की गिलास में है। गिलास वापस देकर निगाह पैड पर रखे पेपरवेट पर गई तो लगा लड़की उसमें है। फिर निगाह अँगूठी के नग पर गई तो पाया लड़की वहाँ है। फिर पाया, लड़की घड़ी के डायल में है। फिर पाया, नहीं, लड़की उनकी आँखों पर लगे चश्मे के शीशे में है...

कुछ फासले पर बैठे दो वकील—परमात्मा नारायण और गिरिजा दयाल—उस घटना को लेकर बतिया रहे थे जो घंटा-भर पहले घटी थी। किसी हरचरनसिंह नाम के वकील ने वकालतनामे द्वारा दिए गए अधिकार के तहत एक मुवक्किल की ओर से उसके नाम जमा तीन सौ रुपए अदालत से उठा लिये थे। मुवक्किल आज उन रुपयों को लेने आया था और हरचरनसिंह ने कह दिया कि वह उसको उसके रुपए दे चुके हैं। मुवक्किल ने जब बात को लौटाना चाहा तो उन्होंने मिसिल में से एक कागज निकालकर उसके दस्तखत दिखा दिए—तुम लोगों की भूल-भुलक्कड़पन का कोई ठिकाना नहीं। इसी वजह से तो मैं लिखा-पढ़ी रखता हूँ। मुवक्किल हक्का-बक्का रह गया। दस्तखत उसी के थे, पर उसे यह भी समझते देर न लगी कि वे किसी दूसरे काम के लिए कराए गए थे। उसने गुस्से में भरकर रसीद का गलत व झूठा होना कहना चाहा, पर फिर यह सोचकर कि जिस स्थिति में वह है, उसमें टंटा-बखेड़ा कर भी वकील को बेईमान या धोखेबाज साबित नहीं कर पाएगा, बल्कि अपने लिए और भी मुसीबत खड़ी कर लेगा, वह गुस्से को बस कमजोर बुदबुदाहट में निकालकर अपनी खोटी किस्मत को कोसता हुआ वहाँ से चला गया।...

परमात्मा नारायण कह रहे थे—"बाबू गिरिजा दयाल, बहुत से काम गलत किए जाते हैं और कानून के विरुद्ध होने के कारण वे जुर्म होते हैं। पर जो प्रकाश में

नहीं आ पाते, वे जुर्म नहीं रहते हैं। प्रकाश में आने पर भी जो साबित हो नहीं पाते, वे भी जुर्म नहीं रहते हैं। उनका साबित होना ही बस जुर्म होता है। लेकिन साबित होना और न होना भी बहुत-सी बातों और स्थितियों पर निर्भर करता है, मसलन—हरिचरनसिंह का ही मामला लिया जाए।"

कौशल किशोर को झुँझलाहट छूटी—यह बुड्ढा परमात्मा नारायण हर दम बकबक करता रहता है। जब इसे वकालत रास नहीं आती तो यह यहाँ आता क्यों है?

वह अपनी कुर्सी से उठकर बरामदे के बाहर निकल आए। अंगदसिंह उनको आता देखकर अपनी जगह से लपक आया।

"मैं काफी थका हुआ हूँ। तुम मुद्दैया को शाम को लेते आना और बाकी गवाहों को कल सुबह।"

"जैसा हुक्म हुजूर!"

"इधर भी आठ बजे और उधर भी आठ बजे।"

"बहुत अच्छा हुजूर!"

कौशल किशोर ने अपनी नजर नीम के पेड़ के नीचे डाली और जगह पर वापस आते हुए उन्हें लगा कि लड़की उनके साथ चल रही है। वह फिर मुकदमे में विजय पानेवाली जैसी व्यूह-रचना लड़की को पाने के लिए करने लगे।

"मुंशीजी, शाम को आने की जरूरत नहीं।" उन्होंने व्यूह-रचना बहुत-कुछ पूरी करते हुए अपने क्लर्क से कहा—"मैं काम अब सुबह ही करूँगा।"

घर पर उनकी पत्नी थी और दस और आठ साल की दो लड़कियाँ। उन्होंने आते ही तीन पास पत्नी के हाथ पर रख दिए, जो वह एक परिचित मैनेजर से रास्ते में लेते आए थे। वह जानते थे कि टिकट लेकर सिनेमा देखने में पत्नी सोच-विचार करती है जबकि पास आ जाने पर वह देखी हुई पिक्चर भी दुबारा-तिबारा देखने को तैयार हो जाती है।

"मेरा मन भी था।" पत्नी पास आकर लहकी—"पर आप नहीं चलिएगा?"

"नहीं, मुझे आज एक मुकदमे की जरूरी फाइल तैयार करनी है।"

पत्नी कॉफी का प्याला रख गई और वह चुस्कियाँ लेते हुए घड़ी की सुई देखने लगे व आँगन से सिमटी उजास की चिलक को।

पत्नी ने जाने के लिए साड़ी बदल डाली। चेहरे पर पाउडर पुता होने पर भी वहाँ गहरी लकीरें चमक रही थीं और नाक महज बदगोश्त का एक चिपका हुआ टुकड़ा नजर आ रही थी।

पत्नी और बच्चे चले गए और घर में सन्नाटा घिर आया, जो उन्हें अच्छा लगा। यह सन्नाटा अब रात के दस बजे तक बना रहेगा। उन्होंने बाहर गली में झाँका। गली में अँधेरा भर रहा था। वह अँधेरा भी उन्हें अच्छा लगा। कुछ देर बाद जब आसमान पर बादल भी घिर आए तो बढ़ी हुई प्रसन्नता में उनको अंग्रेजी की यह कहावत याद आ गई कि एक ईमानदार कोशिश में ईश्वर भी सहायक बन जाता है।

आठ बजे अंगदसिंह आ गया। लड़की के साथ आया हुआ उसका बाप भी था। अन्य स्थितियाँ जबकि अनुकूल थीं, यह एक प्रतिकूल हो गई। उन्हें अंगदसिंह पर गुस्सा आया। पुलिस के महकमे में होकर भी यह बेवकूफ है। क्या

वह उनकी मंशा समझा नहीं या यह उसकी शरारत है?

उन्होंने अंगदसिंह की हथेली में दस का एक नोट दबा दिया—"जाओ पान-पत्ता कर आओ। लड़की को उसकी शहादत समझाते-समझाते घंटा भर तो लग ही जाएगा।"

अंगदसिंह ने एक उचटती नजर वकील साहब के तमक रहे चेहरे पर डाली और लड़की के बाप से बोला—"आओ पीतमलाल, चलो बाजार घूम आएँ। जिस तरह की गवाही है, उसमें तुम्हारी बेटी तुम्हारे सामने शरमाएगी।"

नहीं, अंगदसिंह बेवकूफ नहीं है।

अब कोई भी स्थिति प्रतिकूल नहीं थी। वह थे, लड़की थी और एकदम अकेला घर। अपना इरादा प्रकट करते हुए बस उन्हें लड़की पर काबू पाना था।

"मुझे बताओ, तुम्हारे साथ क्या-क्या हुआ था?"

सवाल के बार-बार दोहराए जाने पर लड़की ने धीमी आवाज में बताया—"बनवारी ने मेरे साथ बुरा काम किया।"

"बुरा काम क्या होता है? खुलकर बताओ।" कौशल किशोर अपनी जगह से उठकर लड़की के पास सटकर बैठ गए।

लड़की ने जब फिर चुप्पी साध ली, कौशल किशोर ने नरमी से उसका हाथ पकड़ लिया—"बनवारी ने पहले तेरा हाथ पकड़ा होगा।" आधा मिनट बाद उन्होंने उसकी कमर में हाथ डाल दिया—"बनवारी ने फिर तेरी कमर में हाथ डाल दिया होगा।" आधा मिनट बाद उन्होंने उसके ओठ छुए—"बनवारी ने फिर तेरे ओठ छुए होंगे।" आधा मिनट बाद उन्होंने उसकी छातियाँ दबाईं—"बनवारी ने फिर तेरी छातियाँ दबाई होंगी।"

कौशल किशोर ने जब पाया कि लड़की ने अपने वर्जित अंगों को बिना किसी आपत्ति के आसानी से छू लेने दिया है तो उत्तेजना में उफनते हुए उन्होंने उसे सोफे पर गिरा दिया—"बनवारी ने फिर तुझे उखाड़ी में ऐसे गिरा दिया होगा।"

कौशल किशोर ने लड़की के कपड़े उतार फेंके, फिर अपने। पीछे दीवार पर एक छह फुटे घड़ियाल की खपटेदार खाल जड़ी हुई थी और अपने नंगे रोम भरे काले बदन में कौशल किशोर घड़ियाल जैसे ही दीख रहे थे। पिछले दिनों एक सुप्रसिद्ध चित्रकार ने गाय का नरम बच्चा तेज जबड़े में दबाए एक गहरे भूरे घड़ियाल को चित्रित कर उसे शीर्षक दिया था—तंत्र।

"लो, तुम मुझसे भी जुर्म कराए ले रही हो!"

कौशल किशोर ने अपने बुलडोजर जैसे जिस्म से लड़की का पगडंडी जैसा तन रौंद डाला।

लड़की ने कोई चीख-गुहार नहीं की, यों बतौर सावधानी कौशल किशोर ने मुँह में ठूँसने के लिए पास में रूमाल रख छोड़ा था।

दरअसल, लड़की इसकी आदी हो गई थी। थाने का दरोगा उसके साथ यही सब कई बार कर चुका था। जिस्म में गरम चिलक देनेवाला तनाव जब कभी दरोगा को परेशान करता था, वह उससे छुटकारा पाने के लिए मुकदमे

में बाकी रह गई तफतीश को पूरा करने का बहाना कर लड़की को थाने पर बुला लेता था।

कौशल किशोर वकील बन कुर्सी पर वापस बैठ गए—“मैं बनवारी को लम्बी सजा कराऊँगा।”

“सजा न कराइएगा, बरी करा दीजिएगा। मैं बनवारी के पास राजी से गई थी।” लड़की ने झिझक तोड़ते हुए कहा।

कौशल किशोर हँसने लगे।

नौ बजे सिपाही अंगदसिंह आकर लड़की को ले गया। उसका अपना जिस्म भी तना हुआ था और साथ चलते हुए वह उन तरकीबों को सोच रहा था जिनके द्वारा वह बाप और दूसरे गवाहों को दूर रखकर लड़की पर काबू पा सकता था।

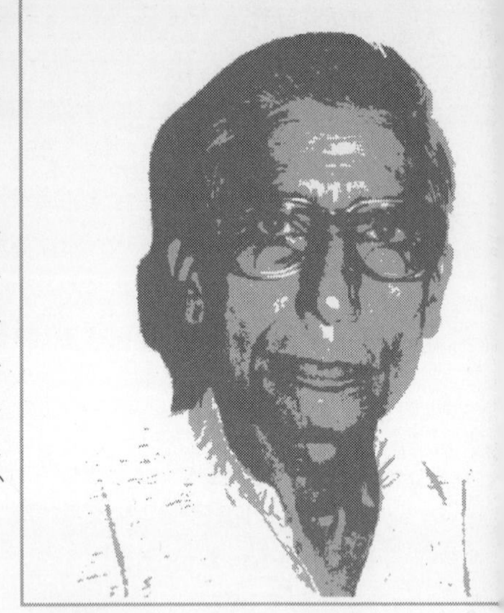

हृदयेश
जन्म सन् 1930

*घड़ियाल* कहानी हृदयेश के उपन्यास *सफेद घोड़ा काला सवार* से उद्धृत है। यह उपन्यास पहली बार सन् 1976 में मुद्रित हुआ।

कथाकार, अनुवादक तथा लेखक। शाहजहाँपुर में जन्म, हिन्दी में साहित्य-रत्न, डिस्ट्रिक्ट कोर्ट प्रशासन में चालीस साल तक नौकरी। लेखन की शुरुआत सन् 1951 में *कश्मीर भारत का है* कहानी से, जो बनारस से निकलनेवाले पत्र दैनिक सन्मार्ग में प्रकाशित हुई।

हृदयेश जी के उपन्यासों और कहानियों में सत्य के मार्ग पर चलनेवालों और पाप और जुर्म की दुनिया में जीते हाड़-मांसों के बीच के संघर्षों, समाज के नैतिक अवमूल्यन, भ्रष्टाचार में लिप्त लचर व्यवस्था, तथा न्यायपालिकाओं में हो रही राजनीतिक और नाना प्रकार की दखलन्दाजी पर तीखा प्रहार है, तो इसी अमावसी लम्बी रात में न्याय-युद्ध लड़नेवाले रोबिन हुड, स्पाइडरमैन सरीखे पात्र हैं जो सुबह के उगते सूरज जैसे मन में आस्था-विश्वास के दीप प्रज्वलित करते हैं।

उनके उपन्यासों में *गाँठ, हत्या, एक कहानी अन्तहीन, सफेद घोड़ा काला सवार, साँड़, पुनर्जन्म, दंडनायक, पगली घंटी, किस्सा हवेली, तिक्की* और *संगत*; कहानी संग्रहों में *छोटे शहर के लोग, अँधेरी गली का रास्ता, इतिहास, उत्तराधिकारी, अमरकथा, प्रतिनिधि कहानियाँ, नागरिक, रामलीला तथा अन्य कहानियाँ, सम्मान, जीवनराग, सन् 1920, उसी जंगल समय में, मेरी प्रिय कहानियाँ, दस प्रतिनिधि कहानियाँ, शुरुआत, प्रेम सम्बन्धों की कहानियाँ, शिकार और अन्य कहानियाँ*; तथा अनुवादों में *जीवन के रहस्य* (खलील जिब्रान) और *नास्तिक* (खलील जिब्रान) प्रमुख हैं।

अपने साहित्यिक रचना-कर्म के लिए हृदयेश जी को पहल सम्मान सहित अनेक पुरस्कारों से नवाजा जा चुका है और उनकी कृतियाँ अनेक विश्वविद्यालयों के साहित्य-शोध विद्यार्थियों के लिए एम.फिल. तथा पी-एच. डी. का सन्मार्ग बनी हैं।

दयानन्द पांडेय

# वकील साहब की किताब

वह सर्दियों की कोई सुबह थी। अलसाई और ओस में नहाई हुई। काफी पी लेने के बाद भी राजीव का आलस जाने क्यों गया नहीं था। तब जब कि वह नहा-धोकर निकला था। सुस्ती के कारण मन हो रहा था कि रजाई में दुबककर सो जाए। पर बीच रास्ते में यह कहाँ सम्भव था? वह खुद भले ही ढीला महसूस कर रहा हो पर उसकी एम्बेसडर टैक्सी तो फर-फर कर सर्राटा भरती भागती जा रही थी। गेहूँ, गन्ना और सरसों के खेतों को लपक लेती हुई। कहीं-कहीं मटर, अरहर और चने के खेत भी दिख जाते। पर बहुतायत में गेहूँ के हरे और सरसों के पीले फूलोंवाले खेत थे, हरे और पीले का कंट्रास्ट रचते हुए। तिस पर अरहर के पीले फूल और मटर के बैंगनी फूल चने की हरियाली पर सुपर इम्पोज वाला कोलाज रच-रचकर इस ओस नहाई सुबह को सनका रहे थे। मादकता की हद तक।

सरसों के फूलवाले खेतों को देखकर उसे बचपन में सुना एक भोजपुरी लोकगीत याद आ गया—"सरसोइयाँ के फुलवा नीक लागै, बिन मोछिया क मरदा फीक लागै।" यह गाना देवानन्द जैसों की उन पुरानी फिल्मों को जस्टीफाई करता था जिनमें उनकी बड़ी-बड़ी घनेरी मूँछें होती थीं। खैर, एक जगह उसने टैक्सी रुकवाई और उतरकर गन्ने के खेत की ओर लपका। और तड़ातड़ तीन-चार गन्ने तोड़कर उन्हें छीला, उनके टुकड़े किए और उन्हें लेकर वापस टैक्सी में बैठ गया। इस फेर में उसके हाथ तो काले हो ही गए उसके सूट और टाई की भी रंगत बिगड़ गई थी। पर इसकी परवाह किए बिना उसने गन्ना चूसना शुरू कर दिया और टैक्सीवाले से चलने को कह दिया। गन्ना चूसने से उसका आलस अपना घेरा तोड़ गया था। लेकिन पूरी तरह नहीं। खैर, दो-ढाई घंटे में ही वह समारोह स्थल पर पहुँच गया था।

सर्दी के बावजूद भीड़ इकट्ठी हो गई थी। और छुटभैया नेताओं का भाषण चालू था। यह एक तहसील स्तर का कस्बा था जहाँ राज्यपाल को एक डिग्री कॉलेज का शिलान्यास करना था। राजीव बेमन से इसकी कवरेज करने आया था।

सुबह के साढ़े नौ बजे थे पर महामहिम का कहीं अता-पता नहीं था। समारोह स्थल पर लगी कुर्सियों में से एक में जाकर वह धँस गया। एक आयोजक किस्म के प्राणी को उसने बुलाया और पानी की फरमाइश की। उसने तीन-चार पानी की बोतलें उसके पास लाकर रखवा दीं। एक बोतल खोलकर उसने काला हुआ हाथ धोया फिर मुँह भी धोकर बाकी पानी पी गया।

वह छुटभैया नेताओं के भाषण सुन-सुन ऊब ही रहा था कि तभी आसमान पर हेलीकॉप्टर गड़गड़ाया। पता चला कि गवर्नर साहब आ गए हैं। पुलिस और

प्रशासनिक अमले में भगदड़-सी मच गई। जनता जनार्दन में भी थोड़ी हलचल हुई, पर महामहिम को लेकर नहीं, हेलीकॉप्टर को लेकर। पता चला कि राज्यपाल का अमला इधर ही आ रहा है। काफिला आया तो पर समारोह स्थल पर रुकने के बजाय सीधे डिग्री कॉलेज शिलान्यास स्थल की ओर निकल गया।

राजीव उठा। काफिले को पकड़ने के फेर में तीन-चार बार इधर-उधर हुआ। पर पुलिसवालों की घेरेबन्दी में उसकी टैक्सी फँस गई। वह अफनाया बहुत पर टैक्सीवाला भी उससे दूर था। थक-हारकर वह फिर से अपनी जगह पर आकर बैठ गया। पता चला शिलान्यास स्थल भी वहाँ से एक-डेढ़ किलोमीटर दूर था। एक बार वह फिर उठा। सड़क तक आया भी पर तभी उसे 'प्रेशर' सा महसूस हुआ। नेचुरल काल को वह रोक नहीं पा रहा था।

अब वह क्या करे? शिलान्यास और महामहिम को छोड़ टॉयलेट ढूँढ़ने लगा।

सड़क के उस पार जरा हटकर पुलिसवालों के घेरे में एक बिल्डिंग दिखी। पूछने पर पता चला कि वह डाक बँगला है। राजीव पेट दबाए उधर ही चल पड़ा। प्रेशर बढ़ता ही जा रहा था।

डाक बँगला आ गया।

लेकिन पुलिस फोर्स चारों ओर से उसे घेरे पड़ी थी। गेट पर वह गया तो पी.ए.सी. वालों ने रोक दिया। लाख परिचय और 'जरूरत' बताने पर भी पी.ए.सी. वाले नहीं माने। पेट दबाए प्रेशर रोके वह दूसरे गेट की ओर बढ़ा। वहाँ पुलिस ने 'प्रेस' बताते ही अन्दर जाने दिया।

अन्दर जाकर मुख्य भवन में प्रेशर के चलते राजीव की चाल में तेजी आ गई। तभी कोई अफसर-सा आदमी दिखा। उसे देखते ही राजीव ने हड़बड़ी में पूछा—"टॉयलेट कहाँ है?"

"आइए सर!" कहते हुए वह आगे-आगे बड़े अदब से चल पड़ा। एक हाल के पीछे अटैच्ड टॉयलेट के पास आकर वह अफसर रुका और बोला—"टॉयलेट सर!" उसने जोड़ा—"बिल्कुल नीट एंड क्लीन!"

"ठीक है। थैंक्यू!" कहता हुआ राजीव धड़धड़ाकर अन्दर घुस गया। अन्दर पहुँचकर दरवाजे की सिटकिनी भीतर से बन्द कर दी। शौचालय सचमुच जरूरत से ज्यादा साफ-सुथरा था। फिनायल ही फिनायल फैला पड़ा था। इतना कि उसकी गन्ध नथुनों में पहुँचकर एलर्जी क्रिएट करने लगी थी। बरबस वह छींक पड़ा।

वह अभी टॉयलेट सीट पर बैठा ही था कि कोई बाहर से दरवाजा खटखटाने लगा। जोर-जोर से। थोड़ी देर तो राजीव चुपचाप बैठा रहा। पर खटखटाहट जब ज्यादा बढ़ गई तो वह खीझकर बोला—"क्या बात है?"

"कम ऑन हरि-अप!" बाहर से कोई हड़बड़ाया हुआ बोला।

"अभी तो मैं आया हूँ। तुरन्त कैसे आ जाऊँ?" राजीव अन्दर से बोला।

"ओह! कौन कमबख्त अन्दर बैठा हुआ है?" वह बिलबिलाता हुआ फिर से बोला—"कम ऑन!"

"भई, अब आपके कहने से तो मैं तुरन्त बाहर आने से रहा!" राजीव को लगा कि बाहर वाला वह आदमी चाहे जो भी हो एक तो वह पढ़ा-लिखा है दूसरे वह भी 'प्रेशर' में है। सो राजीव थोड़ा शिष्टता से बोला—"प्लीज, दो-चार मिनट का समय दीजिए।"

"ओफ! यू गो टू हेल!" वह आदमी बोला। फिर चुप हो गया।

दरवाजे का खटखटाना भी बन्द हो गया था। राजीव उठा, फ्लश चलाया, पैंट

पहनी, बेल्ट बाँधी और हाथ धोने के लिए बेसिन की ओर बढ़ा।

वह हाथ धो ही रहा था कि दरवाजा खटखटाने की जगह कोई भड़भड़ाने लगा। आवाज एक से दो, दो से तीन होकर बढ़ती गई। बाथरूम के दूसरे दरवाजे पर भी भड़भड़ाने की आवाज शुरू हो गई जो शायद पीछे बाहर की ओर खुलता था। पर राजीव ने इस भड़भड़ाहट की चिन्ता किए बगैर वहाँ रखे नए पियर्स साबुन से इत्मीनान से हाथ धोया। वहाँ रखे नए तौलिया से हाथ पोंछा और शीशे के सामने खड़ा होकर टाई की नॉट ठीक करने लगा। उसे लगा कि गन्ना चूसने के चक्कर में उसके हाथ में लगा कालापन हलके से उसकी कमीज की कॉलर पर भी छू गया था। जो उसे अच्छा नहीं लग रहा था। उसने सोचा कि ऐसे में टाई निकालकर जेब में रख ले। पर अभी वह यह सोच ही रहा था कि बाहर से किसी ने गाली दी—"कौन है साला! निकालो बाहर और तोड़कर रख दो।"

ऐसी गाली भरी आवाजें धीरे-धीरे बढ़ती जा रही थीं।

राजीव इन्हें सुनकर जरा घबराया। पर डरा नहीं। वह दरवाजे की तरफ बढ़ा। तभी कोई बड़ी सख्ती से लेकिन धीमे से बोला—"शट अप! क्यों शोर मचा रहे हो तुम लोग!" वह बोला—"तुम लोग चलो यहाँ से। महामहिम को देखो!" तब तक राजीव दरवाजा खोलकर बाहर आ गया। बाहर आते ही दो लोगों ने उसे बड़ी शिष्टता से रोका और पूछा—"आप कौन हैं?"

"क्यों, क्या हुआ?" राजीव भी माहौल को देखते हुए बड़े सर्द ढंग से बोला—"बात क्या है?"

"मैं यहाँ का डिस्ट्रिक्ट मजिस्ट्रेट हूँ।" वह राजीव से भी ज्यादा सर्द और धीमी आवाज में बोला—"और आपका परिचय?"

"मैं राजीव!" कहकर राजीव ने अपने अखबार का नाम बताया और कहा—"लखनऊ से आया हूँ।" फिर उसने दुबारा पूछा—"आखिर बात क्या है?"

"बात कुछ नहीं।" डी.एम. धीमे से बोला—"महामहिम राज्यपाल जी आए थे टॉयलेट के लिए और आप अन्दर थे।" वह बुदबुदाया—"दो बार उन्होंने दरवाजा खटखटाया पर आपने खोला ही नहीं।"

"वेरी सॉरी! पर मुझे क्या पता था कि राज्यपाल जी हैं।" वह विस्मित होता हुआ बोला—"और फिर मुझे जो पता भी होता तो भी क्या कर सकता था? नेचुरल काल तो नहीं रोक पाता न!" राजीव ने विवशता जताई और पूछा—"राज्यपाल जी हैं कहाँ ? अब तो उन्हें बुला लीजिए। बता दीजिए कि टॉयलेट खाली है।"

"अब बेकार है!" डी.एम. खीझता हुआ बोला।

"क्यों?" राजीव ने पूछा।

"इसलिए कि उन्हें भी नेचुरल काल लगी थी और वह भी रोक नहीं पाए!"

"तो?" राजीव चकित होते हुए बोला। उसने सोचा कि कहीं पैंट तो नहीं खराब हो गई महामहिम की? पर पूछा नहीं।

"तो क्या! गए हैं सर्वेंट्स क्वार्टर के टॉयलेट में। और वह साफ भी नहीं कराया गया था, गन्दा ही होगा।" डी.एम. बुदबुदाया–"हम लोगों की नौकरी तो गई समझिए!"

"ऐसा कैसे हो सकता है?" राजीव बोला।

"ऐसा ही है!" डी.एम. झल्लाकर बोला। वह बोलते-बोलते अचानक अटका और साथ खड़े आदमी को देखते हुए जो कि शायद ए.डी.एम. था, राजीव का हाथ पकड़ाते हुए बोला–"इन्हें अभी यहीं रोको।" ऐसा कहकर भागता हुआ वह बाहर निकल गया।

राजीव ने देखा बाहर राज्यपाल जी लॉन में खड़े कान खुजला रहे थे। और बगल में उनका ए.डी.सी. भी खड़ा था। राजीव भी राज्यपाल को देखकर लपका। तब तक उसका हाथ पकड़े ए.डी.एम. ने उसे जोर से खींचा और भुनभुनाता हुआ बोला–"कहाँ जा रहे हो?"

"राज्यपाल जी से मिलने।" राजीव हाथ छुड़ाते हुए बोला। पर उसने उसका हाथ और कसकर पकड़ लिया। और बड़ी सख्ती से बोला–"चुपचाप यहीं खड़े रहो।"

"क्या मतलब है आपका?" राजीव भी भड़कते हुए बोला।

"बस, चुपचाप खड़े रहो।" कहकर उसने एक हाथ से राजीव का मुँह कसकर दबा दिया। राजीव ने देखा कि अगर उसका वश चलता तो वह उसे पीट भी देता सो वह चुप हो गया, यह सोचकर कि विवाद हो ही गया है अब इसे और बढ़ाने से क्या फायदा? सो वह चुपचाप लॉन की ओर देखता रहा। बेबस!

राज्यपाल और उनका काफिला 5 मिनट में ही सायरन बजाता उस डाक बँगले से निकल गया। राजीव ने एक लम्बी जम्हाई ली और उस ए.डी.एम. टाइप अफसर से बोला–"अब तो जा सकता हूँ?"

"ऐसे कैसे चले जाओगे?" वह गुर्राया–"प्रेस में भर्ती क्या हो जाते हो तुम लोग तोप बन जाते हो!" उसने जोड़ा–"अभी चुपचाप यहीं खड़े रहो जब तक

कोई आदेश नहीं आ जाता!”

“क्या मतलब?”

“मतलब यह कि अब तुम सरकारी मेहमान हो।”

“क्या?”

“हाँ, अंडर कस्टडी।”

“क्या जुर्म है मेरा?”

“इतना बड़ा कि एन.एस.ए. भी छोटा पड़े!”

“एन.एस.ए. कैसे लग सकता है? यह तो हद है!” राजीव बमका—“क्या ब्रिटिश रूल समझ रखा है कि जब अँगरेज हिन्दुस्तानियों को सड़क पर थूकने भी नहीं देते थे!”

“जो समझो! वी.वी.आई.पी. सिक्यूरिटी तोड़ने पर लगता यही एक्ट है!” वह बड़ी तल्खी से बोला।

“एक मिनट के लिए छोड़िए मुझे!”

“क्यों?”

“राज्यपाल से मिलूँगा। उन्हें बताऊँगा।” उसने जोड़ा—“वह मुझे अच्छी तरह जानते हैं।”

“क्या उनके दामाद लगते हो?”

"तमीज से बात करिए!" राजीव बोला।

"चोप्प साले! अभी सारी तमीज तुम्हारी गाँड़ में घुसेड़ दूँगा।" कहकर उसने राजीव को खा जानेवाली नजरों से देखा।

उसकी बात सुनकर राजीव समझ गया कि बात कुछ ज्यादा गड़बड़ हो गई है। तिस पर इस अफसर की बातचीत का ढंग उसे और मुश्किल में डाल रहा था। उसने मन ही मन सोचा कि हो न हो यह प्रमोटी अफसर होगा। प्रमोटी क्या परम प्रमोटी होगा। तभी इसकी बातचीत का तरीका सिपाहियों-दरोगाओं जैसा है। फिर उसने सोचा कि हो सकता है कि सादे कपड़ों में यह पुलिसवाला ही हो। वह यह सब अभी सोच ही रहा था कि तभी दो-तीन पुलिसवाले भी आ गए। बोले—"सर आप जाइए।"

"और इसका?" वह राजीव को इंगित करते हुए बोला।

"इसको हम लोग सँभालते हैं सर! आप चलिए डी.एम. साहब ने याद किया है फंक्शन में ही।" एक पुलिसवाला बोला जो शायद सी.ओ. रैंक का था। उस ए.डी.एम. के जाने के बाद वह सी.ओ. राजीव का हाथ पकड़े लगभग खींचते हुए बाहर चला। राजीव बुदबुदाया भी—"यह क्या कर रहे हैं?" फिर उसने जोड़ा—"मैं कोई मुजरिम नहीं हूँ!"

"नहीं, तू तो दामाद है!" बोलते हुए उसने लॉन में थूका। और बोला—"तभी तो राज्यपाल को भी हगने नहीं दिया!" कहकर वह उसे पास ही लगे तम्बू में ले गया। तम्बू में ले जाकर उसने राजीव का हाथ छोड़ दिया।

पूरा तम्बू पुलिस और पी.ए.सी. से भरा पड़ा था। थोड़ी देर बाद पास खाली पड़ी एक कुर्सी देखकर राजीव उस पर बैठ गया। लेकिन उसे कुर्सी पर बैठता देख वह सी.ओ. आगबबूला हो गया। चीखा—"राज्यपाल के बाथरूम में हगेगा और कुर्सी पर भी बैठेगा!" चीखते हुए वह राजीव की ओर लपका। उसकी टाई पकड़कर उसने उसे कस के खींचा और लगभग कनपटी मसलता हुआ बोला—"बैठने का बड़ा बूता है तो यहाँ बैठ!" कहकर उसने राजीव को धप्प से जमीन पर बिठा दिया। राजीव ने प्रतिवाद भी किया—"देखिए, मैं प्रेस से हूँ और जरा तमीज से पेश आइए!"

"चोप्प भोंसड़ी के!" वह फिर बमका। लेकिन धीरे से।

राजीव एक बार फिर चुप हो गया। पर उसका मन हुआ कि उस सी.ओ. के सारे बिल्ले नोचकर उसकी खोपड़ी तोड़ दे। बिल्कुल किसी हिन्दी फिल्म के किसी नायक की तरह। लेकिन दिक्कत यही थी कि वह हिन्दी फिल्मों के नायक सरीखा नहीं, एक बुजदिल नागरिक था जिसका जुर्म यह था कि उसने उस डाक

बँगले के टॉयलेट का इस्तेमाल कर लिया था जिसे राज्यपाल के लिए धो-पोंछकर सजाया गया था।

वह डबल ब्रैस का लक-दक सूट पहने, टाई लगाए, उकड़ूँ जमीन पर ऐसे बैठा था गोया कोई गिरहकट हो! लेकिन आहत और खौलता हुआ। तोप तो वह नहीं मानता था अपने को, लेकिन एक स्वाभिमानी नागरिक तो मानता ही था। और यहाँ उसका स्वाभिमान ही नहीं, समूची नागरिकता आहत थी। ऐसे में वह कुछ सोच भी नहीं पा रहा था। लेकिन सांघातिक तनाव और अपमान का तम्बू क्षण-ब-क्षण तनता ही जा रहा था। इतना कि उससे बैठा भी नहीं जा रहा था। पुलिसिया खौफ में वह उकड़ूँ हुआ ऐसे बैठा था गोया मुर्गा बना हुआ हो। बैठे-बैठे पैर जवाब दे रहे थे। और जब बहुत हो गया तो वह धीरे से वहीं जमीन पर पालथी मारकर बैठ गया। और सतर्क निगाहों से इधर-उधर देखा कि कहीं किसी पुलिसवाले को उसके इस तरह बैठने पर भी एतराज तो नहीं हो रहा?

एतराज कोई पुलिसवाला क्या करता भला? उसने देखा कि अब किसी पुलिसवाले की नजर भी उस पर नहीं थी। हालाँकि चारों तरफ पुलिसिया बूटों की ही खड़बड़ाहट थी। पर चूँकि राज्यपाल समारोह स्थल पर जा चुके थे इसलिए यह सभी अब अलसाए से सुस्त खड़े थे। कुछ एक तरफ बैठकर ताश खेलने लगे थे। उसे लगा कि अब उसकी 'सजा' खत्म हो गई है। वह अब चुपचाप यहाँ से चला जाए। थोड़ी देर बाद वह उठकर खड़ा हो गया। खड़ा होकर उसने कपड़ों की धूल झाड़ी। जब उसने देखा कि उसके खड़े होने पर भी कहीं से एतराज 'दर्ज' नहीं हुआ तो वह धीरे-धीरे टहलता हुआ तम्बू के एक छोर पर आ गया। वह अभी तम्बू पार करता कि अचानक एक राइफल की संगीन उसके सीने पर आ गई।

वह हकबकाकर बोला—"क्या है?"

"कहाँ जा रहे हो?" पुलिस का सिपाही घुड़का।

"कहीं नहीं।" राजीव खिसियाया हुआ डरा-डरा बोला।

"तो कहीं जाना भी नहीं! साहब बोल गए हैं।"

"ठीक है भई!" राजीव बोला—"मैं तो बस यूँ ही यहाँ तक आ गया था।"

"तम्बू से बाहर मत जाना।" वह थोड़ी दया और एहसान घोलते हुए बोला—"तम्बू में ही इधर-उधर घूम सकते हो!"

"शुक्रिया!" संक्षिप्त सा बोलकर राजीव वहीं खड़ा रह गया।

उधर समारोह लम्बा खिंचता जा रहा था। रबर की तरह।

"राज्यपाल तो आज पिसा गया सरवा!" एक दरोगा मजा लेता हुआ बोला।

"काहे, का हुआ?" एक दूसरे दरोगा ने दिलचस्पी ली।

"सुना है कि एक ठो प्रेसवाले ने आज उनकी हगनी-मुतनी भी बन्द करवा दी!" दरोगा ठिठोली करता हुआ बोला।

"वो खड़ा है सर, यहीं पर!" एक सिपाही ने दरोगा को बताया।

"कहाँ—कौन खड़ा है रे?" वह दरोगा पान कूँचता हुआ बोला।

"प्रेसवाला सर!" सिपाही ने उसे अदब से बताया।

"कहाँ ?" दरोगा अपने को जब्त करते हुए ठिठका।

"आपके पीछे सर!" सिपाही ने फिर बताया।

"का बे, तुम्हीं वह प्रेसवाला है?" दरोगा पीछे मुड़ते हुए थोड़ा मजाक, थोड़ी सख्ती घोलता हुआ बोला।

राजीव ने मुँह बिचकाकर सिर हिला दिया। पर कुछ बोला नहीं।

"सूट-बूट, टाई-साई तो बड़ा लहरदार झोंके हुए है!" वह अपने साथ के दरोगा से चेहरा मटकाता हुआ बोला। फिर राजीव से कहने लगा—"लेकिन तेरा हिम्मत कैसे पड़ गया राजपाल के बाथरूम में जाने का?" उसने जोड़ा—"राजपाल को भी डी.एम., एस.पी. समझ लिया था कि घुड़प दोगे तो डर जाएगा।" वह बोला—"अरे राजपाल अँगरेजों का बनाया ओहदा है! तवनो ई राजपाल तो पुरहर अँगरेज है।" दरोगा ने अपनी छाती फुलाकर चौड़ी कर ली।

अभी इन दोनों दरोगाओं की जुगलबन्दी चल ही रही थी कि तम्बू के पास हनहनाती हुई पुलिस जीप आकर खड़ी हो गई। उसमें से एक मोटा-सा दरोगा कूदकर उतरा और तम्बू में आकर बोला—"वो प्रेसवाला कहाँ है?"

"मैं हूँ।" राजीव लपककर आगे आते हुए बोला। यह सोचकर कि अब इस यातना से उसे शायद छुट्टी देने का फरमान लाया हो यह दरोगा।

"चलो मेरे साथ!" वह अकड़ता हुआ बोला।

"कहाँ ?" पूछा राजीव ने।

"ससुराल! और कहाँ ?" वह और बिगड़ा।

"मतलब?" राजीव डिप्रेस होता हुआ बोला।

"असली ससुराल तो हो सकता है कल तक जाओ पर अभी तो छोटी ससुराल चल!" कहते हुए वह उन दरोगाओं से बोला—"साहब ने इसे थाने ले चलने के लिए कहा है।"

दो सिपाही उसे पकड़कर पुलिस जीप में ले गए। वह जीप में बैठ ही रहा था कि एक दुबला-पतला मरियल-सा फोटोग्राफर दिख गया। राजीव उसे जानता भी नहीं था। शायद लोकल फोटोग्राफर था। फिर भी राजीव ने उसे बुलाया—"सुनिए!" वह बेधड़क उसके बुलाने पर पुलिस जीप के पास आ गया। छूटते ही राजीव ने उससे पूछा—"आप प्रेस फोटोग्राफर हैं?"

"हाँ।" उसने बनाया।

फिर तो राजीव ने उसे एक सर्रे से अपना पूरा परिचय दिया, दिक्कत बताई और कहा—"लखनऊ से आए प्रेसवालों को तुरन्त जाकर बता दीजिए कि ऐसी-ऐसी बात है। वह लोग राज्यपाल को घेरकर बता दें कि मुझे एन.एस.ए. में बन्द कर दिया गया है।"

"ठीक है भाई साहब!" वह उत्साहित होता हुआ बोला—"घबराइए नहीं। मैं अभी जाता हूँ।" उसने जोड़ा—"हम लोग अभी थाने पर भी आते हैं।"

"थैंक्यू! लेकिन लखनऊ वालों को बता जरूर देना!"

"आप घबराइए नहीं भाई साहब!" कहता हुआ वह समारोह स्थल की ओर लगभग दौड़ पड़ा और पुलिस जीप थाने की ओर।

डाक बँगले से थाने की दूरी ज्यादा नहीं थी। कोई 5-7 मिनट में पुलिस जीप वहाँ पहुँच गई। सड़क भी पूरी खाली थी। या शायद खाली करवा ली गई थी। क्योंकि इस सड़क पर कोई आता-जाता भी नहीं दिखा। हाँ, जहाँ-तहाँ पुलिसवाले जरूर तैनात दिखे। छिटपुट आबादी वाले इलाकों में सन्नाटा पसरा पड़ा था। रास्ते में एकाध खेत भी पड़े जिनमें खिले हुए सरसों के पीले फूलों ने राजीव को इस आफत में भी मोहित किया।

उसने कोई गाना भी गुनगुनाया। पर बहुत धीमे से। थाने पहुँचकर राजीव ने थोड़ी राहत की साँस ली। यहाँ किसी ने उसके लिए अपशब्द भी नहीं उच्चारे, न ही गालियाँ। बल्कि यहाँ उसके लिए सम्बोधन भी बदला हुआ था। 'तुम' या 'तू' से बदलकर यह पुलिसवाले 'आप-आप' पर थे। न सिर्फ 'आप' पर बल्कि यहाँ पुलिसवालों ने उससे चाय-पानी के लिए भी पूछा। पानी तो उसने पी लिया पर चाय के लिए मना कर दिया। यहाँ उसे बिठाया भी कुर्सी पर गया था। फिर

भी एन.एस.ए. की काली छाया यहाँ भी मँडरा रही थी। खुसफुसाहट में ही सही 'राज्यपाल' का सर्वेंट क्वार्टर में जाना यहाँ भी चर्चा का विषय था।

एक दरोगा ने उससे सहानुभूतिपूर्वक कहा भी—"कहीं खेत-वेत में चले गए होते! राज्यपाल के अड्डे पर जाने की क्या जरूरत थी?"

वह क्या जवाब देता। चुप ही रहा।

अब सिर पर दोपहर सवार थी लेकिन उसके छूट पाने की कोई राह नहीं निकल पा रही थी। जाने क्या सोचकर वहाँ बैठे एक इंस्पेक्टर से जो कि लखनऊ से आया था और उससे थोड़ी-थोड़ी सहानुभूति भी जता रहा था, राजीव ने बिना किसी भूमिका के सीधे-सीधे कह दिया—"हो सके तो वायरलेस पर एस.पी. से छोड़ने के बारे में पुछवा लें।"

"एस.पी. साहब आपको जानते हैं?" इंस्पेक्टर ने नरमी से पूछा।

"मैं तो यह भी नहीं जानता कि यहाँ एस.पी. कौन है?" राजीव ने साफ-साफ बताते हुए कहा—"तो कैसे कह दूँ कि वह मुझे जानते हैं!"

"फिर मैं कैसे पूछ सकता हूँ?" उसने उदास होकर कहा।

"आप एक बार फिर भी पुछवा लें।" उसने जोड़ा—"बड़ी कृपा होगी।"

"मैं नहीं पूछ पाऊँगा।" उसने बिल्कुल साफ-साफ बता दिया।
राजीव चुप हो गया।

तभी थाने में 5-6 स्थानीय पत्रकारों की टोली आ गई। वह फोटोग्राफर भी साथ था। सभी पत्रकारों ने राजीव से आत्मीयता जताते हुए कहा—"आप घबराइए नहीं। जल्दी ही कुछ इन्तजाम हो जाएगा।"

"आपके साथ कोई बदसलूकी तो नहीं की इन लोगों ने?" पुलिसवालों की ओर इंगित करते हुए एक बुजुर्ग पत्रकार ने राजीव से पूछा।

"नहीं साहब, हम लोगों ने सम्मान सहित इनको बिठा रखा है!" एक दरोगा बोला—"हम लोगों का वश चलता तो इन्हें छोड़ भी देते। पर क्या करें ऊपर का आदेश है। बेबस हैं हम लोग।" उसने जोड़ा—"यह भी कोई जुर्म है?"

"भाई साहब, सच बताइए कोई दिक्कत तो नहीं हुई?" एक नया पत्रकार बोला।

"नहीं, यहाँ थाने में तो कोई बदसलूकी नहीं हुई।" राजीव बोला—"पर डाक बँगले में थोड़ी नहीं, ज्यादा बदसलूकी हुई।"

"अब वहाँ साहब पी.ए.सी. वाले थे। बाहर की और फोर्स थी। हम लोग नहीं थे।" एक दरोगा बोला—"तो हम लोग क्या कर सकते थे!"

"घबराइए नहीं भाई साहब।" एक पत्रकार बोला—"पी.ए.सी. हो या मिलिटरी, सबको निपटाएँगे। पर पहले आपको यहाँ से छुड़ाने का बन्दोबस्त हो जाए। बस।"

"आप लोगों ने लखनऊ से आए प्रेसवालों को मेरे बारे में बताया कि नहीं?" राजीव ने कहा—"वह लोग कम से कम राज्यपाल पर दबाव तो बना ही सकते हैं।"

"लखनऊ वालों को जाने दीजिए भाई साहब। हम लोग काफी हैं।" एक दूसरा पत्रकार सीना ठोंकते हुए बोला।

"अरे नहीं, बता तो दीजिए ही।" राजीव ने जोर देकर कहा।

"तो भाई साहब, जानिए कि लखनऊ वालों को भी बता दिया गया है।" वह पत्रकार क्षुब्ध होता हुआ बोला—"पर वह लोग बोले कि पहले कवरेज कर लें, फिर देखते हैं।"

"ऐसा कहा!" राजीव चौंकते हुए बोला—"हमारे फोटोग्राफर को भी बताया?" राजीव अफनाया हुआ बोला।

"हाँ, पर वह भी कवरेज में है।" उस पत्रकार ने कहा—"बल्कि वह तो कुछ बोला भी नहीं।"

"गजब है यह तो!" राजीव बोला—"यकीन नहीं होता।"

"लेकिन इस बात पर तो यकीन कीजिए कि हम लोग पूरी तरह आपके साथ हैं।" वह पत्रकार बोला।

"देखिए राजीव जी, आप घबराइए बिल्कुल नहीं।" एक दूसरा पत्रकार जो अभी तक चुप था बोला—"हम लोग इस घटना के विरोध में कवरेज छोड़ दिए हैं। एक भी स्थानीय पत्रकार कवरेज नहीं करेगा! यह बात डी.एम. सहित पूरे प्रशासन को बता दी गई है।" वह बड़े उत्साह से बोला—"कवरेज को गोली मारकर हम लोगों ने तीन टीम बनाई है। एक टीम यहाँ आपके साथ थाने में रहेगी। दूसरी टीम डी.एम. को लगातार फालो कर रही है और तीसरी टीम मंच के पास खड़ी है। मंच पर पुलिसवाले न सूचना दे रहे हैं, न ही किसी को जाने दे रहे हैं।" वह बोला—"तो भी हमारी तीसरी टीम वहाँ मंच के पास खड़ी है। राज्यपाल मंच से ज्यों उतरेंगे, त्यों वह टीम राज्यपाल को घेर लेगी। फिर प्रशासन की सारी कलई खोल देंगे।"

"राज्यपाल को मेरे साथ हुई बदसलूकी के बारे में भी बताइएगा। और यह भी कि मुझ पर यह लोग एन.एस.ए. लगाए जाने की बात कह रहे हैं।" राजीव ने बताया।

"लगाया तो नहीं है अभी?" एक पत्रकार ने किसी दरोगा से पूछा—"क्या एफ.आई.आर. दर्ज हो गई है?"

"अभी तो कोई लिखत-पढ़त नहीं हुई।" दरोगा बोला—"अभी तो इन्हें सिर्फ बैठाए रखने का आदेश है।"

"तो ठीक है, अभी लिखत-पढ़त करिएगा भी नहीं।"

फिर पत्रकारों की यह टोली वहीं थाने में मजमा लगाकर बैठ गई। थोड़ी देर में उनके लिए चाय-बिस्किट भी आ गए। राजीव ने बिस्किट तो ले लिए पर चाय लेने से मना कर दिया।

थोड़ी देर बाद एक लम्बी जम्हाई लेने के बाद एक दरोगा से राजीव ने थाने में रखे एक तख्त की ओर इंगित करते हुए कहा—"वहाँ थोड़ी देर लेट जाऊँ क्या?" उसने जोड़ा—"पूरा बदन टूट रहा है।"

"हाँ-हाँ लेट जाइए।" दरोगा बोला।

राजीव ने तख्त पर जाकर कोट उतारकर सिरहाने रख दिया और लम्बा लेट गया।

थाने में वायरलेस कोई न कोई सूचना लगातार उगल रहा था। राजीव ने एक बार फिर एस.पी. से वायरलेस पर अपने छोड़े जाने की बाबत दरोगा से पूछने के लिए कहा। और यह भी कहा कि एस.पी. न मानें तो लखनऊ में डी.जी.पी. या होम सेक्रेटरी को इस बारे में सूचना बता दें। यह दोनों मुझे अच्छी तरह जानते हैं। और कि यह लोग जरूर छोड़ने के लिए कह देंगे। लेकिन दरोगा ने इस पर असमर्थता जता दी। बोला—“ज्यादा से ज्यादा हम एस.पी. साहब से पूछ लेते हैं।”

कहकर उसने एस.पी. को दो-तीन बार कॉल कर राजीव को छोड़े जाने के बारे में पूछ लिया। उधर से कहा गया—“इस बारे में थोड़ी देर में बता दिया जाएगा।”

सुनकर राजीव की जान में जान आई। फिर कोई हर दस मिनट में राजीव वायरलेस पर यह बात पुछवाने लगा। लेकिन जवाब में हर बार सिर्फ शब्द भर बदल जाते पर ध्वनि वही होती कि, ‘थोड़ी देर बाद में बता दिया जाएगा।’ और जब इस बाबत वायरलेस मैसेज ज्यादा हो गया तो उधर से लगभग डाँटते हुए कहा गया—“आइन्दा सेट पर इस बारे में कोई बात नहीं की जाए!” सुनकर दरोगा तो काँप गया कि अब उसकी खैर नहीं है।

राजीव भी उदास हो गया।

थोड़ी देर बाद राजीव को जाने क्या सूझा कि वह बड़बड़ाने लगा। उसके इस बड़बड़ाने में पूरा पुलिस सिस्टम समा गया। वह लगभग चिल्लाने लगा—“बताइए, ब्रिटिश रूल चला रखा है! किसी का टट्टी-पेशाब भी जुर्म हो गया है!” वह बोलता जा रहा था—“फिर कोई जबर्दस्ती तो मैं डाक बँगले में घुसा नहीं था!”

राजीव का बड़बड़ाना जब ज्यादा हो गया और दो-तीन स्थानीय पत्रकार भी उसके साथ शुरू हो गए तब एक दरोगा बड़ी सर्द आवाज में बोला—“नाहक हम लोगों पर आप लोग गुस्सा उतार रहे हैं! मामला अधिकारी लेबिल का है। गुस्सा भी उन्हीं लोगों पर उतारिएगा!”

लेटे-लेटे उसने एक स्थानीय पत्रकार को बुलाया। कुछ पैसे देते हुए बोला—“किसी पी.सी.ओ. से लखनऊ होम सेक्रेटरी को फोन करके सारी स्थिति बता दीजिए।” उसने जोड़ा—“कोई और चारा नहीं है।” कहकर उसने फोन नम्बर भी बताया।

“होम सेक्रेटरी मुझसे बात करेंगे भला?” पत्रकार उदास होता हुआ बोला।

“हाँ भई, बिल्कुल करेंगे।” राजीव ने कहा—“बहुत भले आदमी हैं। वह सबसे

आसानी से बात कर लेते हैं। और फिर कोई दिक्कत हो तो आप उनके स्टाफ से मेरे बारे में बता दीजिएगा। बात हो जाएगी।"

"छोड़िए भाई साहब, थोड़ी देर में सब ठीक हो जाएगा। लखनऊ-दिल्ली की कोई जरूरत नहीं है।" एक दूसरा पत्रकार बोला—"थोड़ा समय तो दीजिए हम लोगों को!"

"और फिर राज्यपाल के बारे में होम सेक्रेटरी तो क्या चीफ सेक्रेटरी भी कुछ नहीं कहेंगे।" इंस्पेक्टर बोला—"यहीं राज्यपाल से माफी-वाफी माँगकर मामला निपटा लीजिए!" उसने जोड़ा—"वैसे भी प्रेसीडेंट रूल में गवर्नर राज चल रहा है। किसकी हिम्मत है गवर्नर के मामले में टाँग अड़ाने की?"

राजीव फिर चुप हो गया। वह पछता रहा था, सुबह-सुबह नींद खराब कर इस तहसीलनुमा कस्बे में आकर। कोई बहाना बनाकर वह यह असाइनमेंट टाल सकता था।

खुदा न खास्ता जो उस पर एन.एस.ए. मढ़ ही दिया गया तो वह करेगा क्या? उस पर तो जो बीतेगी, बीतेगी ही, उसके परिवार पर क्या बीतेगी? बीवी और बच्चे कैसे दिन गुजारेंगे! इस यातना-कथा को वह कैसे और कितने दिन बाँचेगा!

उसने सोचा। और बारहा सोचा।

हिसाब लगाया एन.एस.ए. की प्रक्रिया में गुजरनेवाले दिनों का। अदालतों में खर्च होनेवाले पैसों का। और खुद पर जबरिया चस्पाँ हो गए इस अपमान की आँधी का। थाना प्रपोज करेगा एस.पी. को एन.एस.ए.। एस.पी. डी.एम. को। फिर डी.एम. प्रशासन को। शासन हाईकोर्ट में एडवाइजरी बोर्ड को अप्रूवल के लिए भेजेगा। इतने में ही तीन-चार महीने तो कम से कम लगेंगे। फिर तारीख, पेशी का कोर्स। और फिर वह कोई माफिया या पैसेवाला तो है नहीं कि अदालतों में लाखों रुपए सुँघाकर अपने ऊपर लगे एन.एस.ए. को रिजेक्ट करवा लेगा, तमाम आरोपों की पुष्टि के बावजूद! वह तो शायद कायदे का वकील भी नहीं खड़ा कर पाए। और क्या पता बिन अपराध के एन.एस.ए. में वो क्या कहते हैं सरकारी हिन्दी में कि कहीं 'निरुद्ध' न कर दिया जाए!

तो?

इस 'तो' का उसके पास कोई जवाब नहीं था। और एन.एस.ए. की काली

छाया उसके मन में ऐसे टहल रही थी गोया कोई विषधर सर्प टहल रहा हो। और लगातार डस लेने की धौंस दे रहा हो। वह इस सर्पदंश से कैसे बचे? क्या करे कि यह एन.एस.ए. की काली छाया मन से निकाल बंगाल की खाड़ी में डाल दे! पर कोई तरकीब, कोई राह उसके पास तुरन्त तो नहीं ही थी। न कोई इसका जवाब!

लेकिन उसने देखा कि पुलिसवालों से उसकी गिरफ्तारी का जवाब एक वकील, मिमियाकर ही सही, माँग रहा था। मिमियाकर ही कचहरी से लेकर थाने तक अपनी बात कहना भले ही सही क्यों न हो! और फिर जैसे न्याय नहीं भीख माँग रहे हों के अन्दाज में 'हुजूर-हुजूर' कहकर कोर्निश बजाना तहसील स्तर के वकीलों की शायद नियति बन गई है।

नहीं, शायद गलत सोच गया राजीव!

तहसील स्तर के ही वकील क्यों? क्या हाईकोर्ट के वकील नहीं मिमियाते हैं? मिमियाकर ही न्याय की भीख या अपराधी की जमानत दाँत निकालकर नहीं माँगते हाईकोर्ट के वकील? भीख का कटोरा भर जाए तो भी और जो न भरे तो भी हिनहिनाना वह नहीं भूलते 'मी लार्ड' के आगे। फर्क सिर्फ इतना भर होता है कि तहसील वाला वकील हिन्दी में ही-ही कर हिनहिनाता और मिमियाता है तो हाईकोर्ट वाला वकील अँगरेजी में हिनहिनाता और मिमियाता है। हिन्दी में लोग देख लेते हैं। और अँगरेजी में नहीं देख पाते। बस! यह ही एक फर्क है।

तो यहाँ थाने में भी यह वकील साहब ही-ही करते हुए हिनहिनाते हुए मिमिया रहे थे—"हुजूर, आप हमें सिर्फ इतना बता दें कि एक 'प्रतिष्ठित' आदमी को यहाँ घंटों से किसलिए बैठाए हैं?" वह सवाल पर सवाल धरे जा रहा था—"आखिर जुर्म क्या है?"

"जुर्म यह है कि इन्होंने वी.वी.आई.पी. सिक्यूरिटी तोड़ी है।" बड़ी देर से इस वकील को घूर रहे एक दरोगा ने बड़ी बेरुखी से जवाब दिया।

"कौन सी धारा लगाई है आपने? और क्या एफ.आई.आर. लिखी गई?" वकील ने मिमियाहट में थोड़ी कंजूसी बरतते हुए पूछा।

"एन.एस.ए. लगने की बात है। एफ.आई.आर. अभी नहीं लिखी गई है। बड़े अधिकारी जब आएँगे तभी उनके निर्देश पर लिखी जाएगी।" दरोगा फिर बेरुखी से बोला—"मामला गवर्नर साहब का है।"

"गवर्नर क्या नागरिक नहीं होता?" सवाल किया राजीव ने।

"आप हुजूर जरा चुप रहें।" वकील राजीव के कन्धे पर हाथ रखता हुआ दरोगा से बोला—"आई.पी.सी. के बारे में आप जानते हैं?"

"हाँ, थोड़ा-बहुत!" वह दरोगा जरा दबकर बोला।

"नहीं जानते आप। न आप, न आप के अफसरान!" वकील फिर दरोगा पर भारी पड़ता हुआ बोला।

"आप ही बता दें।" दरोगा वकील की बातों से अब दब रहा था।

"हम आपको क्यों बताएँ?" वकील बोला—"अच्छा चलिए, थोड़ी देर में यह भी बता देंगे। पर पहले आप यह बताएँ कि इन्होंने वी.वी.आई.पी. सिक्यूरिटी तोड़ी। चलिए, यह माना। पर यह बताएँ कि गवाह कौन हैं?"

"अफसरान होंगे।"

"कौन से अफसरान? नाम बताएँ।"

"नाम हमको नहीं मालूम। अफसरान आएँगे तो बताएँगे।"

"चलिए ठीक।" वकील ने जोड़ा—"दूसरे, यह बताइए कि इनके पास से क्या-क्या चीज बरामद हुई?"

"क्या मतलब?"

"आपने तो इन्हें अरेस्ट किया है?"

"हाँ, मौका-ए-वारदात से।"

"वही तो पूछ रहा हूँ कि इनके पास से क्या-क्या बरामद हुआ?"

"क्या मतलब है आपका?"

"यही कि इनके पास कितना पैसा था?"

"पैसे की तलाशी नहीं हुई है?"

"छोड़िए। पैसा शायद ज्यादा इनके पास होगा भी नहीं! क्यों?" कहकर उसने राजीव की ओर देखा। तो राजीव ने उसकी सहमति में सिर हिला दिया। फिर मुस्कुराया। लेकिन वकील ने सवाल फिर दुहराया—"बताइए कि क्या बरामद हुआ इनके पास से?"

"आप क्या जानना चाहते हैं?" दरोगा बिदका—"सवाल आप अफसरान आएँ तो उनसे करिए!"

"आएँगे तो उनसे भी करूँगा। लेकिन रोक चूँकि आप लोगों ने रखा है अफसरों ने नहीं, वह भी बिना एफ.आई.आर. के तो पूछना भी आपसे ही पड़ेगा।"

"पूछिए!" दरोगा संक्षिप्त-सा बोला।

"तो बताइए कि इनके पास से क्या बरामद हुआ?"

“क्या बरामद करवाना चाहते हैं आप?”

“हम क्यों बरामद करवाएँगे?” वकील हँसता हुआ दरोगा से बोला—“हुजूर, आप बड़े भोले हैं। मैं सिर्फ इतना सा जानना चाहता हूँ कि क्या इनके पास से कोई हथियार, मसलन—चाकू, पिस्तौल, कट्टा, बन्दूक क्या बरामद हुआ है?”

“ऐसे किसी भी हथियार की बरामदगी इनके पास से हमें नहीं बताई गई है।” दरोगा खीझकर बोला—“प्रेस रिपोर्टर हथियार लेकर क्यों जाएगा वहाँ?” वह हँसते हुए बोला—“यह तो दिशा-मैदान के लिए गए थे। ऐसा ही बताया गया है।”

“राइट हुजूर!” वकील भी मिसरी घोलता हुआ बोला—“यही तो मैं जानना चाहता था। छोटी सी बात थी। और आप कोसों टहला दिए।” वकील बोला—“अब इनको छोड़ दीजिए। बाइज्जत!”

“ऐसे कैसे छोड़ दें?” दो-तीन दरोगा एक साथ भड़के।

“इसलिए कि इनके खिलाफ कोई वजह नहीं है आपके पास कि इन्हें रोकें?

एक 'परतिष्ठित' आदमी को रोकें!"

"देखिए वकील साहब!" एक दरोगा बोला–"आप बहुत बड़े कानूनची हैं। जानता हूँ। पर जिसने वी.वी.आई.पी. सिक्यूरिटी तोड़ी हो, जिस पर एन.एस.ए. लगने की बात चल रही हो, उसे ऐसे कैसे छोड़ दें?" वह बोला–"इनको तो अब हाईकोर्ट से ही छुड़ाइएगा!"

"हम तो हुजूर इनको यहीं से छुड़ाएँगे।" वकील बोला–"इसीलिए आपसे पूछ रहा था कि आप आई.पी.सी. जानते हैं कि नहीं?" वकील एक किताब के पन्ने खोलता हुआ बोला–"यहाँ देखिए। ठीक से पढ़ लीजिए!"

"यह तो अँगरेजी में है!" दरोगा देखकर बिदका।

"अच्छा!" वकील हँसा–"अभी इसकी टूटी-फूटी हिन्दी आपको हम बताए देते हैं बाकी अपने अफसरान के लिए यह किताब रख लीजिए। उन्हें भी दिखा दीजिएगा।" वकील अब दरोगा की अँगरेजी की अज्ञानता का मजा ले रहा था।

"बताइए कि क्या है इसमें?" दरोगा थोड़ा चिढ़ता हुआ वकील से बोला।

"यही कि वी.वी.आई.पी. सिक्यूरिटी कोई भूत या तोप नहीं होती। और जो कोई भूले-भटके अनजाने में वी.वी.आई.पी. सिक्यूरिटी तोड़ देता है या उस परिसर में जहाँ वी.वी.आई.पी. रहता है या ठहरता है, वहाँ बिना अनुमति चला जाता है तो भी कोई बहुत बड़ा अपराध नहीं कर देता!" वकील बोला– "यह अपराध है पर काग्निजेबिल अफेंस है। इसे ज्यादा से ज्यादा 'क्रिमिनल ट्रेसपासर' कह सकते हैं, बस! पर यह इतना छोटा अपराध है कि आदमी निजी मुचलके पर ही छोड़ा जा सकता है।" वकील बोला–"आपकी समझ में आए तो यूँ ही छोड़ दीजिए जो न समझ आए तो लिखिए एफ.आई.आर. और भरवाइए इनसे निजी मुचलका फिर जाने दीजिए। पर जाने दीजिए!" उसने फिर जोड़ा–" 'परतिष्ठित' आदमी को इस तरह तंग मत कीजिए। जाने दीजिए।"

दरोगा निरुत्तर था। और राजीव बिल्कुल तनावमुक्त। ऐसे जैसे उसके मन में सरसों के अनगिनत फूल खिले हों। सरसों ही क्यों मटर, अरहर, सरसों सभी के फूल!

वकील की जिरह बचकानी ही सही पर कानून को प्याज की तरह बेपर्दा करती हुई राजीव को ऐसे सुकून दे गई थी गोया तपती धरती पर मेघ बरसे!

उसने लपककर वकील से हाथ मिलाया और पूरी गर्मजोशी से। और दरोगा की तरफ मुखातिब होता हुआ बोला–"क्या अब भी एन.एस.ए. लगाएँगे आप और आपके अफसरान?" बड़ी देर से चुप-चुप राजीव बोला–"हाँ, एन.एस.ए. लगा

सकते हैं फिर भी आप।"

"वह कैसे?" वकील हड़बड़ाया।

"ऐसे कि इनको, इनके अफसरान और गवर्नर को भी चाहें तो ले लें और चले जाएँ दिल्ली। संसद का सत्र बुलवाएँ।"

"वह किसलिए?" स्तब्ध दरोगा बोला।

"आई.पी.सी. बदलने के लिए।" राजीव ने तंज किया—"बदलें, न सही, एमेंडमेंट ही करवा लें!" वह बोला—"पर हो यह संसद में ही सकता है, किसी थाने में नहीं।"

"यह तो कोई बात नहीं है।" दरोगा बोला—"अब अफसरान जब आएँगे तब उन्हीं से यह वकालत झाड़िएगा।"

"आने दीजिए भाई साहब!" एक पत्रकार राजीव को धीरज बँधाता हुआ बोला—"अब यह लोग कुछ कर भी नहीं सकते!"

"मतलब?" राजीव चौंका।

"यह कि पुलिसवालों की आदत होती है कि फाँसने के लिए कट्टा, पिस्तौल, चाकू खुद ही रखकर फर्जी तौर पर बरामद दिखा देते हैं।" वह बोला—"लेकिन अब ये ऐसा भी नहीं कर पाएँगे। जानते हैं क्यों?"

"क्यों?"

"क्योंकि इनकी सारी बातें यानी वाद-विवाद-संवाद मैंने इस टेप रिकॉर्डर में भर लिया है।" वह बोला—"इसमें इन्होंने साफ तौर पर मंजूर किया है कि राजीव जी के पास से कोई भी हथियार बरामद नहीं हुआ है। और कि इन्होंने यह भी कहा है कि राजीव जी डाक बँगले में 'दिशा-मैदान' के लिए गए थे। बात खत्म!" उसने फिर दुहराया—"और यह सब कुछ टेप हो गया है।" कहते हुए वह जैसे उछला।

"लेकिन टेप को अभी लीगल एविडेंस के तौर पर मंजूरी नहीं है।" खिसियाता और फीकी हँसी हँसता हुआ दरोगा बोला—"लेकिन हम लोग आपके राजीव जी को झूठ-मूठ क्यों फँसाएँगे?" उसने जोड़ा—"प्रेसवाले हैं यह तो हम लोग भी जानते हैं। कोई जुर्म नहीं किया इन्होंने, यह भी मानते हैं। पर क्या करें, अफसरान का आदेश है।" वह साँस छोड़ता हुआ बोला—"ड्यूटी तो बजानी ही है!"

"आप अफसरों की ड्यूटी बजाने के लिए नियुक्त हुए हैं कि कानून की ड्यूटी बजाने के लिए?" राजीव बोला—"पहले यह बताइए। बताइए कि अफसरों को खुश करने के लिए कानून हाथ में ले लेंगे?"

दरोगा चुप रहा।

वह अभी यह सब बतिया ही रहा था कि सायरन बजाता कारों का एक काफिला थाने के सामने से गुजरा। जाहिर है कि महामहिम राज्यपाल का काफिला था यह। थाने में वायरलेस पर भी यही सन्देश आ रहा था–'महामहिम राज्यपाल हेलीपैड की ओर जा रहे हैं।'

"चलो आफत गई समझो!" एक सिपाही भुनभुनाता हुआ बोला–"हफ्ता भर से नरक कर दिया था।"

"कौन नरक कर दिया था?" राजीव ने पूछा।

"राजपाल और कौन!" सिपाही भुनभुनाता हुआ सड़क की ओर जा ही रहा था कि हेलीकॉप्टर की गड़गड़ाहट आसमान से धरती तक तारी हो गई।

राज्यपाल का हेलीकॉप्टर उनको लेकर उड़ गया था। हेलीकॉप्टर को उड़ान भरते देख हेलीकॉप्टरों और जहाजों की यात्रा में जब-तब घटी घटनाएँ एक सर्रे से फ्रेम-दर-फ्रेम राजीव को अनायास याद आ गईं। तभी स्थानीय पत्रकारों का एक दूसरा दल भी थाने आ पहुँचा। सब खुश थे। बेहद प्रसन्न। जैसे कोई किला जीत लिया हो। उनमें से एक पत्रकार बिल्कुल वीर रस में था–"आज तो प्रशासन की साहब खाट खड़ी हो गई?"

"हुआ क्या?" वकील साहब और राजीव दोनों उत्सुक हुए बात का विस्तार और ब्योरा जानने के लिए।

"होना क्या था!" वह बोला–"राज्यपाल ज्यों ही मंच से नीचे आए हम लोगों ने उन्हें घेर लिया। सारा किस्सा बताया। बताया कि किस तरह आपके साथ बदसलूकी की गई है। और कि एन.एस.ए. में बन्द करने की धमकी देकर थाने में निपराध सुबह से बिठाए रखा है पुलिस ने!"

"फिर?"

"फिर क्या? राज्यपाल जी ने पूछा–तो वे पत्रकार हैं, जो टॉयलेट में घुस गए थे। हम लोगों ने बताया कि हाँ। तब उन्होंने आप का नाम और अखबार का नाम पूछा। हम लोगों ने बताया तो राज्यपाल जी कहने लगे, राजीव को तो मैं जानता हूँ। उन्होंने कहा कि यह तो गड़बड़ हो गया। फिर डी.एम. को बुलाया। पेट सहलाते हुए कहा कि भई, मुझे तो बड़ी तकलीफ हुई। सर्वेंट्स क्वार्टर के गन्दे टॉयलेट में जाना पड़ा। उन्होंने डी.एम. से सख्ती से कहा कि फिर भी मामला जर्नलिस्ट का है, तुमने बताया क्यों नहीं? और एन.एस.ए. कैसे लगा दिया?" पत्रकार बोला–"राज्यपाल जी ने सार्वजनिक रूप से डी.एम. को लताड़ लगाई और कहा कि राजीव को फौरन छोड़ो!"

“लेकिन यहाँ तो कोई आदेश अभी तक आया नहीं।” थाने में पहले से बैठा एक स्थानीय पत्रकार बोला।

“आदेश आ ही रहा होगा!” वह बोला, “मुँह छुपाता घूम रहा है साला!”

“कौन?” वकील ने पूछा।

“डी.एम. साला!” वह बोला–“पर घबराइए नहीं राजीव जी। हमारी तीसरी टीम डी.एम. को फालो कर रही है।”

यह सब सुनकर राजीव ने न सिर्फ चैन की साँस ली बल्कि रहा-सहा उसका बाकी तनाव भी छँट गया। हाँ, मन उसका अब भी आहत था। अपमान, जलालत और आहत मन की गठरी उसके सीने पर किसी चाबुक-सी सवार थी, वह खुलकर चिन्दी-चिन्दी उड़कर बिखर जाने के बजाय घनी होती जा रही थी। वह वीरेन्द्र मिश्र के उस गीत की तरह “भीतर-भीतर घुटना, बाहर खिल-खिल करना” का अभिनय भी नहीं कर पा रहा था। वह सोचने लगा कि काश वह भी उन घाघ राजनीतिज्ञों या पत्रकारों की तरह होता जो लाख अपमानित होने के बावजूद खुश रहते हैं। चहकते-चमकते रहते हैं। कोई जो उनके मुँह पर थूक भी दे तो वह इस शालीनता से उसे पोंछकर मुस्कुराते रहते हैं गोया थूक नहीं, बारिश की कोई बूँद पड़ गई हो। पर राजीव यह गणित साध नहीं सका।

उसका बोझ अब और बढ़ रहा था। बाकी स्थानीय लोगों की चहक में महक

भी नहीं भर पा रहा था। लेकिन बहुत उदास होना भी उसे स्थानीय लोगों के साथ अन्याय ही जैसा लगा। तो उसने थोड़ा-सा अपने को सहज करने की कोशिश की। इतनी कि कम से कम वह असहज न लगे।

शुरुआत उसने उन स्थानीय पत्रकारों से परिचय लेने से ही की। खान, कुरेशी, दुबे, शुक्ल, तिवारी, कुशवाहा, चौहान, शर्मा, श्रीवास्तव, अंसारी, पाठक, गुप्ता आदि सबने हाथ मिला-मिलाकर अपना-अपना परिचय दिया। यह सब पत्रकार क्या थे बल्कि इनमें से लगभग सभी अंशकालिक ही थे। इनमें भी कोई अखबार का एजेंट था, कोई अध्यापक, कोई वकील, कोई व्यवसायी या इसी तरह के अन्य कामों में लगे हुए लोग थे। इन सबमें उसके अखबार का स्ट्रिंगर भी था। कुछ जिला मुख्यालय से भी आए हुए लोग थे। लेकिन ज्यादातर इस तहसीलनुमा कस्बे के ही थे। जैसे भी थे, यह सबके सब राजीव के लिए न सिर्फ मददगार साबित हुए थे बल्कि बिना किसी परिचय के इस गाढ़े समय में काम आए थे। हालाँकि इनमें से दो-चार लोगों ने राजीव को पहले से जानने और लखनऊ में मुलाकात होने का दावा भी किया पर सचाई यह थी कि राजीव को कुछ याद नहीं था इन मुलाकातों की बाबत। फिर भी उसने 'हाँ, हाँ!' कहकर कुछ याद करने जैसा ड्रामा किया। और बड़े विनयपूर्वक उन सबसे हाथ जोड़कर बोला—"बिना किसी परिचय के आप लोगों ने जो मेरे लिए किया उसके लिए थैंक यू या शुक्रिया जैसे शब्द बहुत छोटे जान पड़ते हैं। इसलिए मैं इन्हें इस्तेमाल नहीं कर रहा। लेकिन आप सबके लिए मेरे मन में आदर बढ़ गया है। लखनऊ में मेरे लिए कुछ हो तो जरूर बताएगा। और वहाँ आइए तो मिलिएगा जरूर।"

"बिल्कुल भाई साहब!" सब जैसे एक साथ बोल पड़े।

"नहीं, सचमुच मेरे लिए आप लोगों ने जो किया वह भूल नहीं पाऊँगा।" राजीव अतिशय विनम्रता से बोला। फिर वह वकील साहब से मुखातिब हुआ—"आपका भी बहुत-बहुत शुक्रिया! आपने भी आज गजब किया!"

"अरे, नहीं जनाब, आप हमारे मेहमान हैं। तकलीफ सुनी तो रहा नहीं गया।"

"आपका भी परिचय जानूँ?" हाथ जोड़ते हुए राजीव बोला।

"मुझे अजीम खाँ कहते हैं।" वकील साहब बोले, "इसी तहसील का बाशिन्दा हूँ। यहीं की कचहरी में रोटी-दाल जुगाड़ता हूँ।" वह बड़ी नरमी और अदब से बोले।

"आप जैसी प्रतिभा यहाँ तहसील में क्या कर रही है?" राजीव ने कहा—"आपको तो हाईकोर्ट या कम से कम डिस्ट्रिक्ट हेडक्वार्टर में तो होना ही चाहिए।" फिर

उसने पूछा–"आप फौजदारी की ही प्रैक्टिस करते हैं कि दीवानी की भी?"

"दोनों की ही!" वह उसी अदब से बोले–"जो नसीब से मिल जाए।"

"अच्छा, आई.पी.सी. की वह कौन सी धारा है जिसको लेकर आप दरोगा से अभी भिड़ गए थे?" राजीव उनकी काँख में दबी किताब को बाहर खींचते हुए बोला–"देखूँ तो?"

"अरे, इसे क्या करेंगे देखकर?" वकील साहब किताब वापस खींचते हुए धीमे से बोले।

"फिर भी?" राजीव अचकचाते हुए बोला–"अच्छा जबानी ही बता दीजिए!"

"अरे जाने दीजिए!" वकील साहब बात को टालने लगे।

"नहीं फिर भी!" राजीव बोला, "इन चीजों की भी जानकारी तो होनी चाहिए!"

"जानकारी बाद में ले लीजिएगा!" वह राजीव की बात पीते हुए बोले–"अभी कुछ और बात करते हैं।"

"अभी जान लेने में हर्ज क्या है?" राजीव जैसे पीछे ही पड़ गया।

"तो इधर आइए!" राजीव के कन्धे पर हाथ रखते हुए वकील साहब भीड़ से थोड़ा किनारे ले गए। हँसे और बोले, "सच्चाई जानना चाहते हैं?"

"बिल्कुल!" राजीव ने भी मुस्कुराने की कोशिश की।

"जनाब मसला यह है कि जिस आई.पी.सी. की नामालूम धारा का मैं थाने के भीतर दरोगा से जिक्र कर रहा था उसके बारे में मुझे भी नहीं मालूम।"

"क्या?" राजीव जैसे आसमान से नीचे गिरा।

"घबराइए नहीं।" वकील साहब राजीव को ढाढ़स बँधाते हुए बोले–"आपका तो अब कुछ होना नहीं। अब तो गवर्नर साहेब का हुकुम हो गया है।"

"लेकिन फिर भी?" राजीव की जैसे सारी सहजता काफूर हो गई।

"आप घबराते क्यों हैं?" वकील साहब राजीव को जैसे सान्त्वना देते हुए बोले–"लेकिन ऐसी कोई धारा है जरूर आई.पी.सी. में। आप तो निशाखातिर रहिए!"

"कैसे?" राजीव आश्चर्य में पड़ता हुआ वकील साहब से बोला–"पर यह किताब?"

"यह तो अँगरेजी में है!" वकील साहब खिसियाई हुई हँसी हँसते हुए बोले–"इतनी अँगरेजी जब मैं ही ठीक से नहीं जानता तो यह दरोगा क्या जानेगा?" वह बोले–"मैं इतनी अँगरेजी जानता होता तो हाईकोर्ट में प्रैक्टिस करता, तहसील में नहीं और जो यह दरोगा अँगरेजी जानता तो आई.पी.एस. होता, दरोगा नहीं।"

“अजीब बात है!” राजीव खीझा–“लेकिन जो वह दरोगा इतनी अँगरेजी जानता होता और आपकी यह फर्जी किताब पलटकर पूछ लेता कि बताइए वह धारा कहाँ है तो आप क्या करते?”

“देखिए, मैंने आपसे पहले ही बताया कि धारा है तो सही क्रिमिनल ट्रेसपासर की जो ऐसे मामलों में लगती है और आदमी निजी मुचलके पर ही छूट जाता है।”

“ऐसा आप आखिर किस बिना पर कह रहे हैं?” राजीव ने उनसे पूछा। और जरा विनम्रता का लबादा हटाकर पूछा।

“अब आपको सच बता ही दूँ।” वकील साहब तफसील में आ गए–“यह आपके जो पत्रकार साथी हैं वहाँ गवर्नर वाली मीटिंग में मुझे मिले। परेशानहाल थे सभी। और मैं मुसीबतजदा की हमेशा मदद करता हूँ। यह लोग जानते हैं इस बात को। इसीलिए हमसे मिले। सारी बात बताई। मेरा माथा चकरा गया। समझ नहीं आ रहा था कि इन लोगों को क्या जवाब दूँ। तभी लखनऊ में एक वकील साहब की याद आ गई। हाईकोर्ट भी जाते हैं, ‘किरिमिनल’ लायर हैं। मेरा जब कोई मामला फँसता है तो उनसे इस्लाह ले लेता हूँ। तो इस बार लखनऊ जाने के बजाय हमने आपके मामले में उनको पी.सी.ओ. से फोन कर इस्लाह माँगी। छुट्‌टी का दिन था वह घर पर ही थे। मैंने मामले की गम्भीरता बताई।

“उन्होंने थोड़ी देर बाद फोन करने को कहा। दस मिनट बाद मैंने फिर से फोन किया। तभी उन्होंने उस आई.पी.सी. की धारा का जिक्र किया। और मामले को रफा-दफा करने की ‘टेकनिक’ बताई। अब गलती यह हुई कि वह धारा नम्बर मैंने नोट नहीं किया। और अब भूल गया हूँ। पर ऐसी धारा कोई है जरूर!” वह जोर देकर बोले।

“फिर यह किताब?” राजीव ने थोड़ा सहज होते हुए पूछा।

“है तो आई.पी.सी. की ही।” वकील साहब बोले–“पर इसमें वह धारा है भी कि नहीं, मैं यह नहीं जानता।”

“तो इसे यहाँ लाए क्यों आप? और फिर दरोगा को भी बार-बार दिखाते रहे?”

“उस दरोगा पर धौंस डालने के लिए।” वह बोले–“यह काला कोट पहनकर तो मैं गवर्नर की मीटिंग में आया नहीं था। मामला सुनकर लखनऊ फोन किया फिर घर गया काला कोट पहनने। यह धारी वाली पैंट पहनी। क्योंकि यह पुलिसवाले हम लोगों को काले कोट और धारी वाली पैंट में ही पहचानते हैं। नहीं साले कब क्या गाली दे दें, मार-पीट दें, कुछ भरोसा नहीं।” वह बोले–“छोटी जगह है न!”

"हाँ, ये तो है!" राजीव जम्हाई लेता हुआ बोला।

"तो भइया, जब यह कोट-पैंट पहन रहा था तभी अलमारी में यह आई.पी.सी. वाली किताब भी दिख गई। उठाया, धूल झाड़ी। लेकर चल दिया।" वह रुके और बोले—"यह सोचकर कि थाने वाले अँगरेजी की किताब देखकर धौंस में आ जाएँगे। अँगरेजी आती नहीं सो देखेंगे नहीं और रुआब में आ जाएँगे।"

"और रुआब में आ भी गए!"

"हरदम आ जाते हैं!" वकील साहब बेफिक्री से बोले—"छोटी जगह है न! अँगरेजी में यहाँ सभी दब जाते हैं। गाली भी अँगरेजी में दीजिए तब भी नाराज नहीं होते। हँसते हुए चाय पिलाते हैं।" फिर उन्होंने सवाल किया—"आप क्या समझते हैं कि अगर अँगरेजी वाली यह किताब नहीं लाता मैं तो यह दरोगा मेरी कानूनगिरी सुनता?" और उन्होंने खुद ही जवाब भी दिया—"हरगिज नहीं, घुड़ककर गाली देता और आपके साथ ही मुझे भी थाने का 'मेहमान' बना लेता।" वह बोले—"ऐसे में यह अँगरेजी वाली किताब काम आ जाती है।" उन्होंने मुस्कुराते हुए जोड़ा—"पहले भी कई बार इस अँगरेजी वाली किताब को आजमा चुका हूँ। निशाना हरदम ठीक बैठा है।" वह बोले ऐसे जैसे कोई किला जीत लिया हो।

बातचीत अभी चल ही रही थी कि एक पुलिस की जिप्सी थाने में आकर रुकी।

उसमें से एक सी.ओ. टाइप पुलिस अफसर उतरा और साथ ही डी.एम. को फालो करनेवाली स्थानीय पत्रकारों की वह तीसरी टीम भी चहकती हुई जिप्सी से उतरी। सी.ओ. ने थाने के भीतर बैठे दरोगा से, जो शायद थाने का सेकंड अफसर था, कहा—"प्रेसवाले को छोड़ दो। कलक्टर साहब ने कहा है।"

"छूटे तो पहले ही से हैं साहब!" दरोगा राजीव की ओर मुखातिब होते हुए बोला—"जाइए साहब!"

"शुक्रिया!" कहकर राजीव पत्रकारों के साथ चल पड़ा। चलते-चलते वकील साहब की ओर मुड़ा, हाथ मिलाया और बोला—"अजीम साहब, आपका बहुत-बहुत शुक्रिया!" कहकर वह चलने लगा। फिर अचानक रुका और उनसे बोला—"हाँ, आपने अपनी फीस तो बताई नहीं।" कहकर उसने अपनी जेब में हाथ डाला।

"अब आपसे फीस क्या लेनी?" कहकर वकील साहब ने बड़ी दिलेरी से जेब में गया राजीव का हाथ पकड़ लिया। बोले—"रहने भी दीजिए!"

"अरे नहीं।" राजीव बोला—"ऐसा कैसे हो सकता है?"

"अब रहने भी दीजिए!" वकील साहब संकोच घोलते हुए बोले।

"अब ले भी लीजिए।" वकील साहब के हाथ में कोई तीन-चार सौ रुपए पकड़ाता हुआ राजीव बेफिक्री से बोला।

"नहीं। यह तो नहीं हो सकता!" कहते हुए वकील साहब फिर अदब में आ गए।

"क्यों?" उसी अदब से राजीव ने उनसे पूछा।

"अच्छा चलिए जो आप बहुत इसरार कर रहे हैं तो कुरेशी और शुक्ला साहब को सौ और पचास रुपए दे दीजिए। मतलब डेढ़ सौ रुपए।" वह बोले—"पी.सी.ओ. पर फोन के पैसे इन्हीं लोगों ने दिए।"

"बिल्कुल!" राजीव ने सौ-सौ के दो नोट उन्हें भी देते हुए कहा।

"शर्मिन्दा मत कीजिए भाई साहब!" कुरेशी बोला—"यह तो हम लोगों का फर्ज था।"

"और फिर हम लोग अभी भगवान की कृपा से इतने लायक हैं।" शुक्ला बोला।

"यह तो ठीक है फिर भी!" राजीव सकुचाया।

"अच्छा तो हम कभी लखनऊ आएँ और कोई दिक्कत में पड़ जाएँ तो आप मदद नहीं करेंगे? या फिर वापस आने के लिए किराया भी न रह जाए तो आप से नहीं माँग सकते?" शुक्ला बोला।

"क्यों नहीं?"

“तो क्या आप हमारी मदद या किराया हमें उधार समझकर देंगे?”

“नहीं भाई!”

“तो भाई साहब, प्लीज इसे रख लीजिए!” वह पैसे वापस राजीव को देते हुए बोला।

“और जनाब यह भी!” वकील साहब ने भी पैसे वापस देते हुए कहा।

राजीव निरुत्तर था।

फिर चुप्पी तोड़ी वकील साहब ने ही। बोले—“हाँ, मेरा एक काम आप जो कर सकें तो बड़ी इनायत होगी।”

“हाँ-हाँ, बताइए!” राजीव लपककर बोला।

“नाचीज कभी-कभी कोई गजल या नज्म कह लेता है। उसे भेजूँगा आपके पास।” वह सकुचाते हुए बोले—“अपने अखबार या कहीं और भी जो छपवाने का बन्दोबस्त करवा दें तो बड़ी खुशी हासिल होगी।”

“हाँ-हाँ!” कहते हुए राजीव थोड़ा अटका—“यह काम अखबार में तो मैं नहीं देखता। फिर भी आप भेजिएगा। छपेगी आपकी गजल।”

“और कभी-कभार मुशायरों वगैरह की रिपोर्ट भी छप जाएगी?” वकील साहब बोले।

“बिल्कुल इसमें तो कोई दिक्कत ही नहीं होगी।”

“शुक्रिया!” वकील साहब बोले—“बस यही मेरी फीस समझ लीजिए!” उन्होंने जोड़ा—“हालाँकि मैंने किया ही क्या है!”

“क्या?” राजीव मुस्कुराया।

“हाँ, किया ही क्या है मैंने!” उन्होंने अपनी बात दुहराई।

“क्यों अँगरेजी वाली यह किताब नहीं लाए?” राजीव मजा लेता हुआ बोला।

“क्या हुआ, क्या हुआ?” कुरेशी अड़बड़ाता हुआ बोला।

“अरे, कुछ नहीं।” राजीव ने वकील साहब को असमंजस में देखकर खुद ही बात बदल दी।

“नहीं, आप किसी किताब की बात कर रहे थे?” कुरेशी चालू था।

“अरे, यह ट्रेड सीक्रेट है?”

वह फिर अचकचाया।

“यह है! लो पढ़ो।” बात आगे ज्यादा न बढ़े, और उनकी कलई न खुले इस लिहाज से वकील साहब खुद ही चैप्टर क्लोज करते हुए बोले। वह जरा जोर देकर बोले—“अँगरेजी में है!”

“तब रहने दीजिए। हम क्या खाक पढ़ेंगे?” कुरेशी हथियार डाल गया।

“अब यहाँ से चला जाए?” शुरू से चुप-चुप पाठक बोला।

“हाँ, पाठक जी चला जाए अब।” राजीव चलते हुए रुका। बोला—“एक मिनट! और दूर खड़े उस दरोगा से पूछा—“कहीं कोई मुचलका तो नहीं भरना?”

“नहीं-नहीं।” दरोगा बोला—“आप जाएँ!”

“मुचलका तो कलेक्टर ने ही भर दिया।” कुरेशी तंज करता हुआ बोला—“अब चलिए भाई साहब!”

“आइए, हमारे साथ ही चले चलिए!” दुबे मोटरसाइकिल स्टार्ट करता हुआ बोला।

“चलिए, आपके ही साथ चलता हूँ।” कहता हुआ राजीव उसकी मोटर साइकिल पर बैठ गया।

अपनी-अपनी स्कूटरों, मोटरसाइकिलों से सभी एक साथ चल पड़े।

# दयानन्द पांडेय

जन्म : 30 जनवरी, 1958

लम्बी कहानी *मुजरिम चाँद* से उद्धृत, जो कथादेश में सन् 2000 में प्रकाशित हुई। बाद में यह *बड़की दी का यक्ष प्रश्न* शीर्षक से मुद्रित कहानी संग्रह में भी प्रकाशित हुई।

कथाकार, लेखक तथा पत्रकार। गोरखपुर जिले के गाँव बैदौली में जन्म, हिन्दी में एम.ए., 1978 से सक्रिय पत्रकारिता। कथा-साहित्य के क्षेत्र में अब तक 30 सृजनात्मक कृतियाँ, जिनमें से कुछ भोजपुरी, अंग्रेजी, पंजाबी और उर्दू में भी अनूदित हैं।

दयानन्द जी की कहानियों और उपन्यासों में वर्तमान समय की राजनीतिक सच्चाइयों, सामाजिक व्यवस्था में फैले भ्रष्टाचार और व्यभिचार, रिश्तों की बदलती नैतिकता तथा व्यक्तिगत मानसिक वेदनाओं का बेबाक बेखौफ चित्रण है। ऐसे सशक्त विषयों को लेकर जो ताना-बाना उन्होंने बुना है, उसमें पात्रों का सघन मनोविश्लेषण है, सच्चाई है, निर्भीकता है, व्याकुलता है और बेतकल्लुफी है। कथानक तीखे और रसमय हैं, जिसमें रूढ़िवादी परम्पराओं को दर-किनार रख दिया गया है।

उनके उपन्यासों में *बाँसगाँव की मुनमुन, वे जो हारे हुए, हारमोनियम के हजार टुकड़े, लोक कवि अब गाते नहीं, अपने-अपने युद्ध, दरकते दरवाजे,* तथा *जाने-अनजाने पुल;* कहानी संग्रहों में *सात प्रेम कहानियाँ, ग्यारह पारिवारिक कहानियाँ, ग्यारह प्रतिनिधि कहानियाँ, बर्फ में फँसी मछली, सुमि का स्पेस, एक जीनियस की विवादास्पद मौत, सुन्दर लड़कियोंवाला शहर, बड़की दी का यक्ष प्रश्न, संवाद;* एवं संस्मरणों में *यादों का मधुबन* तथा *कुछ मुलाकातें, कुछ बातें* प्रमुख हैं। उनकी बाल-कहानियाँ, राजनीतिक लेख तथा अनुवाद भी चाव के साथ पढ़े जाते हैं।

उनकी कृतियों के लिए उन्हें प्रेमचन्द सम्मान, उत्तर प्रदेश हिन्दी संस्थान; यशपाल सम्मान तथा सर्जना सम्मान से नवाजा जा चुका है।

पदमज पाल

# साक्षी

"हुजूर! मैं 'गीता' पर हाथ रखकर शपथ लेता हूँ—जो कहूँगा, सच कहूँगा। सच के सिवा कुछ नहीं कहूँगा।"

वकील महाशय ने उसकी ओर गौर से देखा। अपना चश्मा थोड़ा नीचे खिसकाया। फिर वह उसे ऐसे घूरने लगे जैसे उसके सामने किसी साँप ने अपना ज़हरीला फन उठाया हो। जैसे उन्हें सब समझ आ गया हो, कि यह आदमी शैतान है, झूठा साक्षी है। उन्होंने उससे कड़ककर पूछा—"तुम्हारा क्या नाम है?"

"गिरधारी साहू।"

"तुम क्या करते हो?"

"श्रीमान, कुछ नहीं।"

"तो क्या हर समय बाजार में ही घूमते रहते हो?"

"नहीं सर, अपने छिटपुट काम से ही फुर्सत नहीं मिलती; बाजार में खाली भला क्यों घूमूँगा।"

"तो क्या तुम हर समय घर पर रहते हो?"

"नहीं, खेतों में मजदूरी का काम करता हूँ।"

"आधा मिनट पहले तो तुमने कहा था कि तुम कुछ नहीं करते?"

वकील सा'ब के सवालों की बौछार से गिरधारी घबरा गया था। वह वकील की ओर मिमियानी नजर से देखने लगा। बोला—"मुझे और मत घुमाएँ, श्रीमान! इतने लोगों, सा'बों और वकीलों के सामने मेरा गला सूखा जाता है। हृदय की धड़कन बढ़ गई है। लग रहा है कि मैं जैसे गश खाकर गिर जाऊँगा। मुझे छोड़ दीजिए, सा'ब।"

"तो क्या उस दिन तुम सचमुच उस बाजार में घूम रहे थे जहाँ मौका-ए-वारदात हुई?" वकील सा'ब ने उसे घूरकर पूछा।

"नहीं, सर।"

"तब तो तुमने कुछ भी नहीं देखा होगा?"

"नहीं सर।"

"फिर तुम्हारा नाम साक्षी में कैसे आया?"

"सर, मेरी औरत ने मुझे नहीं रहने दिया। वह मुझे लगातार परेशान कर रही थी।"

यह सुनते ही वकील सा'ब तपाक से अपनी बात पर आ गए। उन्होंने गिरधारी को और कुछ बोलने का मौका नहीं दिया। उस पर सवाल दागते हुए बोले—"तो तुम्हारी औरत तुमसे जबर्दस्ती साक्षी दिलवा रही है! मगर तुमने कहा तुम तो

उस दिन बाजार में ही नहीं थे, फिर तुम्हारी औरत क्यों तुम पर जोर डाल रही है...”

कोर्ट की ओर मुखातिब होकर वह बोले—“पाइंट टू भी नोटिड, माई लॉर्ड, दरअसल गिरधारी साहू एक मिथ्या साक्षी है, वह खुद कबूल कर रहा है कि वह अपनी औरत के जोर डालने पर साक्षी देने आया है। वरना उसने कुछ नहीं देखा।”

वकील सा'ब की यह बात सुन गिरधारी साहू घबरा गया। उसके मुँह से निकल पड़ा—“नहीं हुजूर, सच यह है कि मैं कभी कोर्ट-कचहरी के चक्कर में नहीं पड़ा। मुझे यहाँ आने से ही डर लगता है। मैंने नागमणि बाबू को मना भी किया था, कि यह मेरे बस की बात नहीं।”

इस बार जज ने अपनी कुर्सी पर आराम से बैठते हुए सहज भाव से कहा—“नहीं, तुम डरो मत। सब सही-सही बताओ। तुम्हारी साक्षी बहुत ही महत्त्वपूर्ण है।”

गिरधारी ने थोड़ी हिम्मत जुटाई, बोला—“हुजूर, मुझसे और सवाल मत पूछिए। सचमुच मुझमें कुछ कहने-सुनने की हिम्मत नहीं बची। मेरे हाथ-पाँव काँपने लगे हैं। मुझे कुछ दिनों की मोहलत दें, मैं सब-कुछ बता दूँगा। पर आज....”

गिरधारी हाथ जोड़कर विकल भाव से वकील और जज सा'ब के सामने प्रार्थना करने लगा।

जज साहब ने नाजिर की ओर देखते हुए कहा—"इस साक्षी को दुबारा बुलाने की नई तारीख दे दो। उसे आज जाने दो।"

"हाँ, तुम जाओ।" जज सा'ब का यह आदेश होते ही गिरधारी साहू कृतज्ञ नजरों से कोर्ट को दंडवत् करते हुए कठघरे से नीचे उतर आया। नीचे उतरकर ही उसकी साँस में साँस आई। वह अपने को लगभग ढकेलते हुए कोर्ट से बाहर निकला और बाहर बरामदे में टेक लगाकर बैठ गया।

कोर्ट के बाहर लोगों की भीड़ जमा थी। कोलाहल हो रहा था। गिरधारी साहू ने एक घड़ी चैन की साँस ली और उसकी नजरें बेसब्री से नागमणि बाबू को खोजने लगीं। लेकिन उसे वहाँ उनके सिवा बाकी सब लोग दिखाई दे रहे थे। वह वकील जो उसके साथ जिरह कर रहा था, कुछ ही दूर खड़ा सिगरेट सुलगा रहा था। उसके पास ही उसका मुवक्किल घन राऊत खड़ा था। वह हँसते हुए वकील सा'ब से कुछ पूछ रहा था। मोहर्रिर भी वहीं फाइल लेकर खड़ा था। सभी के चेहरों पर खुशी साफ झलक रही थी। उन्हें हँसता देख गिरधारी ने विरक्त भाव से मुँह दूसरी तरफ मोड़ लिया।

उसने देखा, उस तरफ दो पुलिसवाले खड़े थे। वे उसे सुनाते हुए एक-दूसरे से कह रहे थे—"साला, पत्ते की तरह काँप रहा था। घर में इतने कानून-कायदे दिखा रहा था, जैसे दुनिया का सारा कानून जानता हो। यहाँ आया तो जुबान से एक शब्द नहीं निकाला। साले ने सारा केस चौपट कर दिया।"

"अबे, तूने उसका मर्डर होते देखा भी था?"

सवाल सुनते ही गिरधारी खड़ा हो गया। धीमे स्वर में बोला—"हाँ, सर!"

"देखा था? तो फिर पत्नी ने कहा, माँ ने कहा, बाप ने कहा—यह क्यों बकबका रहा था वहाँ?" पुलिसवालों का क्रोध सातवें आसमाँ पर पहुँच गया।

"सर, मेरा दिमाग काम नहीं कर रहा था।"

"साला, उधर से कुछ माल मिला है क्या?" एक पुलिसवाले ने अँगुलियों को परस्पर रगड़ते हुए कहा।

"सर, जगन्नाथ की सौगन्ध। यहाँ धर्म-कोर्ट कचहरी लगी है। ये सारी बातें गिरधारी के लिए नहीं हैं।"

पुलिसवाले आगे कुछ सुनने के लिए राजी नहीं थे। गिरधारी हताश हो गया। उसने मुँह फेर लिया। वह फिर से नागमणि बाबू को खोजने लगा। उसके पास खाना खाने और गाँव वापस जाने के पैसे भी नहीं थे। क्या करे, उसे यही समझ नहीं आ रहा था। उसका अन्तर्मन आत्म-ग्लानि से छटपटा रहा था। उसकी निगाहें लगातार नागमणि बाबू को खोज रही थीं।

उसने देखा नागमणि बाबू कोर्ट के बरामदे में खड़े हुए हैं। उन पर नजर पड़ते ही वह गहरे अपराध भाव से भर उठा। हिम्मत नहीं हुई कि उनके पास जा सके। वह वहीं इधर से उधर, उधर से इधर छुपता फिरता रहा।

"गिरिया भाई, चलो खाना खाने चलें।" कुछ समय बाद उसे नागमणि बाबू का शुष्क स्वर सुनाई दिया। गिरधारी चुपचाप उनके पीछे चल दिया।

वे दोनों अन्नपूर्णा होटल के अन्दर चले गए। बाल्टी में से मग से पानी लिया, हाथ-मुँह धोए और दोनों एक बेंच पर बैठ गए, जिसके सामने एक लम्बी मेज बिछी थी।

"नागू बाबू, भले ही यह आपको झूठ लगे, मगर सच, मेरा दिमाग ही खराब हो गया था," गिरधारी ने सफाई देने की कोशिश की। फिर रुआँसे स्वर में अपनी बात आगे बढ़ाते हुए बोला—"लक्ष्मी जी को छूकर कहता हूँ अगर झूठ बोलूँ तो अगली सात पीढ़ी तक अन्न का दाना नसीब न हो।"

"क्या खाओगे? मछली!" सारी बात अनसुनी करते हुए नागमणि बाबू ने उससे सवाल किया।

उनका यह व्यवहार देख गिरधारी की खाने की इच्छा मर गई। उसे अपनी करनी पर पश्चात्ताप था, साथ ही खुद से नाराजगी भी। वह विचलित स्वर में बोला—"नागू बाबू, आप मुझ पर नाराज हैं?"

जवाब में नागमणि बाबू इतना ही बोले—"बेटे के मरने के दिन से मैंने आमिष भोजन त्याग दिया है।" फिर बैरे को उन्होंने ऑर्डर दिया—"एक आमिष और एक निरामिष मील।"

गिरधारी आत्म-ग्लानि से त्रस्त हो उठा। वह रुआँसा होकर बोला—"नागू बाबू, जो होना था, सो हो गया! मुझसे बहुत बड़ी भूल हो गई। मेरा आना बेकार रहा। घर पहुँचकर मैं तुम्हें आज हुआ सारा खर्च लौटा दूँगा।"

नागू बाबू उस समय पहला कौर मुँह में डालने ही वाले थे। यह सुनते ही

उनका हाथ रुक गया। वह गिरधारी साहू को घूरने लगे, भारी आवाज में बोले–"क्या तुम्हारे यों पैसे लौटा देने से मेरा बाईस साल का बेटा लौट आएगा?"

गिरधारी ने प्लेट से चावल की मुट्ठी भरी और उसे मसलने लगा।

"तुम चाहते तो कोर्ट को सब कुछ बता सकते थे। तुम्हारी गवाही से उस दुष्ट राऊत को दंड मिलता। पर तुम तो कुछ बोले ही नहीं। तुम सोचते हो मुझे पता नहीं कि तुमने ऐसा क्यों किया, मगर मुझे सब पता है।"

"क्या जानते हैं आप?" गिरधारी ने सकपकाकर कहा।

"रहने दो, खाना खाओ। ठंडा हो रहा है। मेरा तो दिल जल रहा है। किससे क्या कहूँ? तुम्हारी आँखों के सामने सब कुछ हुआ, फिर भी तुमसे सच बोलते नहीं बना! पुत्र-मृत्यु का दुख तो उठा ही रहा था, यह दुख भी सहना होगा। क्या लोगों में आज मनुष्यता मर गई है? सत्य, न्याय, धर्म–क्या ये सिर्फ कोरे शब्द हैं? क्या पता, यह दुनिया कैसे चलेगी! गुंडों ने बीच बाजार में सभी की आँखों के सामने अजु की हत्या की। मैंने सोचा था–नहीं बचेंगे, अवश्य दंडित होंगे। सबने देखा, लेकिन कोई साक्षी देने को तैयार नहीं। कहते हैं, हमने कुछ देखा ही नहीं!" खाने की प्लेट बीच में छोड़ नागमणि बाबू ने लम्बी साँस भरी और उठ खड़े हुए। हाथ धोए और गिरधारी के पास आकर बोले–"भाई, तुम दुखी मत हो; शान्ति से भोजन करो। मैं बाहर से पान-पुड़िया लाता हूँ।"

गिरधारी चुप रहा। उसे भयंकर भूख लगी थी। पर वह मन ही मन खुद को इतना अपराधी अनुभव कर रहा था कि उससे निवाला भी नहीं लिया जा रहा था। जूठी थाली छोड़ने में अन्न देवता का अपमान था। जैसे-तैसे उसने खाना खाया, बेंच से उठा और अपने हाथ धोने लगा।

उसने तौलिए से हाथ-मुँह पोंछे। नागमणि बाबू ने जब उसे अपने हाथ से पान दिया तो उसका अपराध-बोध दुगुना हो गया। आत्म-ग्लानि में उसकी गर्दन खुद-ब-खुद झुक गई। वह चुपचाप नागमणि बाबू के पीछे चलने लगा।

बस से उतर जब तक वे गाँव पहुँचे, रात हो गई थी। गिरधारी का घर गाँव से थोड़ा दूर था।

"चलो, मैं तुम्हें तुम्हारे घर छोड़ आता हूँ।" नागमणि बाबू बोले।

"नहीं, मैं चला जाऊँगा।"

"अँधेरा हो गया है, डर लगेगा।"

"मुझे डर नहीं लगता!" गिरधारी कहते-कहते रुक गया।

"तुम्हें डर नहीं लगता?" नागमणि बाबू का स्वर तेज हो गया।

गिरधारी ने चुप्पी साधे रखी। क्या उत्तर दे, समझ नहीं आया।

नागमणि बाबू आगे-आगे चलते रहे। उनके पाँव थके-लुटे हुए आदमी की तरह पड़ रहे थे।

गिरधारी का घर आते ही नागमणि बाबू ने दरवाजा खटखटाया—"नांडि अपा, नांडि अपा (दीदी)! दरवाजा खोलो।"

नांडि अपा के हाथ में एक डिबरी थी। उन्होंने उसे पकड़े-पकड़े ही दरवाजे की साँकल खोली और बोलीं—"चलो, अच्छा है समय से आ गए; अन्दर आओ।"

"नहीं, मैं चलूँगा। भाई को डर लगेगा, यह सोच मैं उसे छोड़ने आया था।"

“कचहरी में आज क्या हुआ, जरा यह तो बताते जाओ।” नांडि अपा ने उद्विग्न होकर कहा।

“अपा, आप यह बात गिरधारी से ही पूछ लें। मैं चलता हूँ, बहुत थकावट हो रही है।” इतना कह नागमणि बाबू बाहर को बढ़ गए।

“बाहर अँधेरा है। कैसे जाओगे? टॉर्च तो लेते जाओ।”

“मैं चला जाऊँगा। बेटे के मरने के बाद मेरे लिए बचा ही क्या है! अब और जीने की इच्छा नहीं!” यह कह नागमणि बाबू आगे बढ़ गए।

यह बात नांडि अपा के सीने में शूल-सी चुभ गई। भाई का कष्ट देख उसका हृदय तड़प उठा।

उसने किवाड़ पर साँकल डाल दी। गिरधारी उससे कुछ बोले बिना ही कुएँ पर हाथ-मुँह धोने चला गया। लौटा तो नांडि अपा ने पति के लिए अपना गमछा आगे बढ़ा दिया। गिरधारी ने अपना मुँह पोंछ लिया।

“आज कचहरी में क्या हुआ, कुछ बता क्यों नहीं रहे?” नांडि अपा हाथ में पकड़ी डिबरी को फर्श पर रखकर नीचे बैठ गई।

“क्या कहूँ, कुछ है ही नहीं बताने को!” गिरधारी ने एक लम्बी आह भरी और गर्दन नीचे करके खाट पर बैठ गया।

“तो क्या तुमने साक्षी नहीं दी?”

“दी, मगर कुछ कह नहीं पाया।”

“तुम्हारी आँखों के सामने सब कुछ हुआ, तब भी तुम कुछ नहीं कह पाए?”

“नहीं।”

“नहीं! क्यों?” नांडि अपा ने चिढ़कर पूछा।

“मैं डरा हुआ था।”

“क्यों? किससे?”

“तुम घबरा जाती, इसलिए मैंने तुम्हें पहले कुछ नहीं बताया।”

नांडि अपने आदमी को गुस्से से घूरने लगी। बोली—“ऐसी भला कौन-सी बात थी, जो तुमने मुझसे छुपाकर रखी?”

गिरधारी बोला—“दो दिन पहले मुझे पाँच गुंडों ने घेर लिया। धमकाकर बोले—देख साले, तुझे अच्छे से कह रहे हैं। अजु को मरना था सो वह मर गया। भला, तू क्यों अपनी जान गँवाने पर तुला है? तूने कोर्ट में अगर जुबान खोली

तो समझ ले तेरी खैर नहीं! घर से निकलने से पहले तू अपनी पत्नी की चूड़ियाँ निकालकर आना।"

"तो क्या तुमने इसी डर से साक्षी नहीं दी?" नांडि का स्वर घृणा से भर आया था। वह बोली—"दूसरे लोगों ने तो पहले ही नागू भाई की तरफ से आँखें फेर ली थीं। सबके मुँह पर ताला कस गया। किसी ने जैसे कुछ देखा ही नहीं। सब, साले नपुंसक! अजु का जिस दिन मर्डर हुआ, बड़ी-बड़ी हाँक रहे थे। असल समय आया तो सबको साँप सूँघ गया। उस खूनी राऊत के पिता ने खूब पैसे बाँटे। रही-सही कसर उसके गुंडों ने डरा-धमकाकर पूरी कर दी।

"तुम्हीं बचे थे, सो तुमने भी अपना धर्म नहीं निभाया। नागू भाई के चेहरे की तरफ ही देख लेते! कितने नेक इन्सान हैं वे, मुझे अपनी धर्म-बहन मानते हैं, ठीक अपनी सहोदरा बहन जैसे देखते हैं। तुम्हारी भी कितनी इज्जत करते हैं!

और तुमने, उनके साथ क्या किया? छि! छि!... छि! छि!

"इस देश में अब भला कौन जी सकेगा? गुंडे-बदमाश तो हर युग में रहे हैं...और रहेंगे...। पर क्या हम उनसे डरते ही रहेंगे? क्यों?"

नांडि की आँखें गुस्से और घृणा से धधक रही थीं।

"तुमने इन चूड़ियों की खातिर...अब इनकी मर्यादा ही कहाँ रही, जो मैं इन्हें अपनी कलाइयों पर सजाए रखूँ!"

नांडि ने जोर से दोनों कलाइयाँ फर्श पर दे मारीं। काँच की चूड़ियाँ थीं, टुकड़े-टुकड़े होकर छिन्न-भिन्न हो गईं। कलाइयाँ लहूलुहान हो गईं। वह फफक-फफककर रोने लगी।

गिरधारी साहू चकित खड़ा उसे देखता रहा।

## पदमज पाल

जन्म : सन् 1947

कहानी का हिन्दी अनुवाद दिनेश कुमार माली ने किया, जो पहली बार उनके संग्रह *ओड़िया भाषा की प्रतिनिधि कहानियाँ* में 2014 में प्रकाशित हुआ। यहाँ यह कहानी नए सम्पादित रूप में प्रस्तुत है।

ओड़िया कथाकार, लेखक एवं समाजशास्त्री। कुसिंगा, जगतसिंहपुर, ओड़िसा में जन्म। पदमज जी का रचना-संसार अत्यन्त वैचित्र्यमय तथा बहुआयामी है। गैर-पारम्परिक रचना- शैली अपनाने के अलावा उन्होंने अपनी रचनाओं में नए-नए 'थीम्स' का प्रयोग किया है। वर्तमान व्यवस्था में व्याप्त अन्याय, भ्रष्टाचार, नैतिक मूल्यों के पतन के प्रति चेतना जगाने के साथ-साथ उनके कथा-संसार की यह खूबी है कि वह समाज में नई क्रान्ति लाने की गुहार भी लगाता है। जन-अन्तस् में गहरी पैठी रूढ़िवादी परम्पराओं को आड़े हाथों लेने में उन्हें रंचमात्र भी संकोच नहीं, न ही पुरानी मर्यादाओं के घिसे-पिटे प्रतीकों को ध्वस्त करने में तनिक भी कोई हिचकिचाहट है। सच्चे मायने में उनके कथा-साहित्य का अन्तःस्वर किसी ऑर्केस्ट्रा की सुर-रागिनी के सम्मिलित अनुरणन जैसा है। यह स्वर अलग-अलग कथा-कहानियों में अपनी स्वतंत्रता बरकरार रखते हुए सामूहिक रूप से मानवतावाद की ध्वनि से निनादित है और उस मानववादी अभिव्यक्ति से जीवन के सैकड़ों रंग-रूप की छटा बिखेर देता है। उनकी कृतियों में *निषिद्ध अरण्य, अपेक्षाकर मु फेरुछी, इगलर नखदन्त, सबुठू सुन्दर पक्षी, जीवनमय* तथा *उन्तर पुरुष* प्रमुख हैं। अपने रचना-कर्म के लिए उन्हें कई बड़े साहित्यिक पुरस्कारों से नवाजा जा चुका है।

## दिनेश कुमार माली जन्म : 9 नवम्बर, 1968

अनुवादक, लेखक तथा माइनिंग इंजीनियर। सिरोही, राजस्थान में जन्म तथा जोधपुर से बी.ई. माइनिंग। 1993 से ओडिसा की विभिन्न खदानों में खनन प्रबन्धक। ओड़िया की एक दर्जन से अधिक साहित्यिक कृतियों का हिन्दी में अनुवाद, जिनमें *पक्षीवास, रेप तथा अन्य कहानियाँ, बन्द कमरा, सरोजिनी साहू की दलित कहानियाँ, जगदीश मोहन्ती की श्रेष्ठ कहानियाँ* तथा *ओड़िया भाषा की प्रतिनिधि कहानियाँ* प्रमुख हैं। अनेक साहित्यिक पुरस्कार एवं सम्मान।

उदय प्रकाश

# असली मोहनदास कौन?

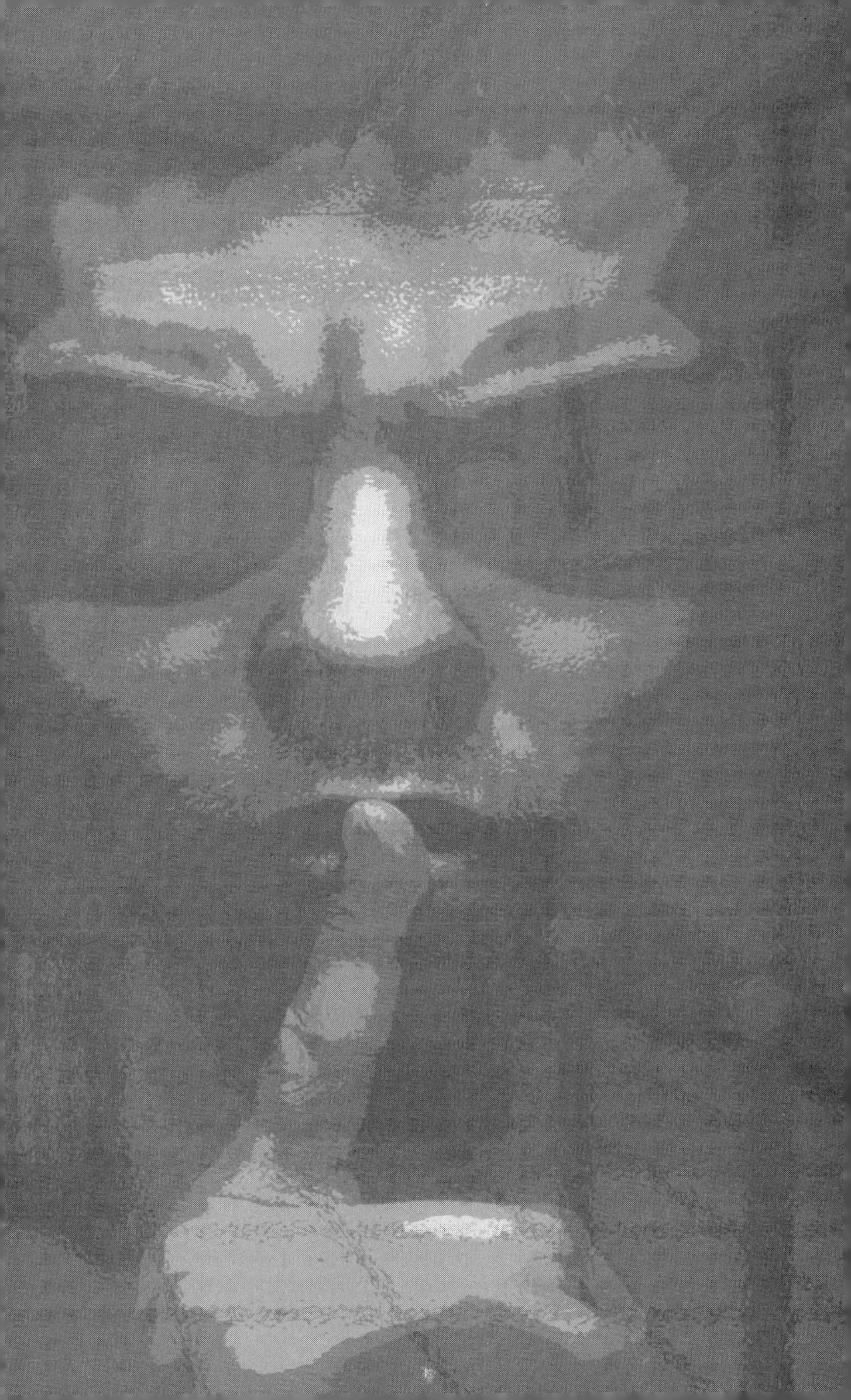

मोहनदास नीची जात का कबीरपन्थी है। उसकी बिरादरी के बहुत से लोग आज भी सूपा-चटाई, दरी-कम्बल बुनते हैं। उसका जन्म मध्य प्रदेश के अनूपपुर जिले के गाँव पुरबनरा में हुआ था। उसके पिता का नाम काबादास था और माँ का पुतलीबाई। उसकी पत्नी थी कस्तूरी बाई। अपने बेटे का नाम उसने देवदास और बेटी का नाम शारदा रखा था। मोहनदास ने अपने जिले के सरकारी एम.जी. डिग्री कॉलेज से फर्स्ट डिवीजन में ग्रेजुएशन की परीक्षा पास की थी। विश्वविद्यालय की टॉपर सूची में उसका नाम दूसरे नम्बर पर मौजूद था। जब परीक्षा का परिणाम निकला तब उसके कई फोटो अखबार में छपे। कोचिंग चलानेवाली कम्पनियों ने भी उसके फोटो छपवाए। उसके बाप काबादास और माँ पुतलीबाई को लगा कि अब मोहनदास को जल्दी ही कोई नौकरी मिल जाएगी।

मोहनदास ने रोजगार दफ्तर में अपना पंजीयन कराया और रोजगार समाचार में छपनेवाले विज्ञापनों को देखकर जहाँ-तहाँ अर्जियाँ भी भेजने लगा। रोजगार कार्यालय से समय-समय पर उसके पास कार्ड आते रहे। उसने पी.एस.सी. की भी तैयारियाँ कीं। उसने इतनी मेहनत की, जितनी उसने पढ़ाई के दौरान भी नहीं की थी। मोहनदास हर जगह जाता। लिखित परीक्षा में सबसे ऊपर रहता लेकिन जब इंटरव्यू होता, तब खारिज कर दिया जाता। वह पाता कि उसकी जगह आठवीं-दसवीं पास, थर्ड-सेकंड डिवीजन वाले लड़के नौकरियों में ले लिये जाते। उनमें से हर किसी के पास कोई न कोई सिफारिश रहती थी। हर कोई किसी न किसी अफसर, नेता या बड़े आदमी का दामाद, बेटा, भतीजा, भानजा, चापलूस या कर्मचारी वगैरह होता। मोहनदास हर बार असफल लौटता लेकिन उम्मीद उसने तब भी नहीं छोड़ी थी। वह जानता था कि हिन्दुस्तान में भ्रष्टाचार बहुत है लेकिन तब भी दस-बीस प्रतिशत लोग अपनी मेरिट और योग्यता के दम पर नौकरी पा जाते हैं।

धीरे-धीरे मोहनदास को पता चला कि कई नौकरियों की तो बोली लगती है। अगर उसके बाप काबादास के पास लाख-पचास हजार होते तो दो-तीन ऐसी नौकरियाँ उसके हाथ से छूटीं, जिनमें वह घूस देकर बहाल हो गया होता। धीरे-धीरे समय गुजरता गया। उसकी उम्र सरकारी नौकरी वाली आयु-रेखा पार करने लगी। घर वाले भी निराश होने लगे। कस्तूरी तब भी उसे ढाढ़स बँधाती कि कोई बात नहीं, सरकारी नौकरी नहीं तो प्राइवेट में देख लेंगे, नहीं तो कोई धन्धा कर लेंगे। आजकल पढ़े-लिखे बेरोजगारों के लिए सरकार की कई योजनाएँ हैं। एक बार गाँव में साक्षरता का काम आया। अस्थायी शिक्षाकर्मी का काम

उसे मिल सकता था पर बाद में पता चला कि जिस अफसर के अधीन वह काम था, उसने अपनी जाति के कुछ लोगों और कुछेक राजनीतिक पार्टी के लोगों को उसमें रख लिया।

मोहनदास सीधा, संकोची और स्वाभिमानी था। किसी की मिन्नतें करना, चापलूसी करना या खिलाना-पिलाना उसके वश में नहीं था। तभी कुछ दिनों के बाद उसके पास ओरियंटल कोल माइंस में नौकरी के लिए इंटरव्यू लेटर आया। उसके हृदय में फिर से आशा की हरी कोमल दूब उगने लगी। उसका साक्षात्कार बहुत ही अच्छा हुआ। लिखित और शारीरिक परीक्षा में उसका प्रदर्शन औरों से बेहतर रहा। डेढ़ सौ प्रतियोगियों में जो सफल पाँच नाम पुकारे गए, उनमें पहला नाम मोहनदास का ही था। उससे कहा गया कि पन्द्रह दिनों के भीतर ज्वाइनिंग हो जाएगी। मोहनदास खुशी-खुशी घर लौटा। घर में उत्सव का माहौल हो गया। लेकिन बीस दिनों के बाद भी जब उसके पास कोल माइंस से बुलावा नहीं आया तो वह परेशान हो उठा। वह कोलियरी पहुँचा। वहाँ दफ्तर के बाबू ने बताया

कि पोस्ट तीन ही थी, चुने गए हैं पाँच लोग। अगर जगह नहीं बढ़ाई गई तो दो लोग कटेंगे। बाबू ने उसे एकाध महीना इन्तजार करने को कहा। मोहनदास लौट आया। उसे अपने रिजल्ट और सर्टिफिकेट की मूल कॉपी की चिन्ता भी सता रही थी, जिन्हें साक्षात्कार के समय कोलियरी के दफ्तर में जमा कराना पड़ा था। डेढ़ महीना बाद वह फिर कोलियरी पहुँचा। एक बार फिर उसे कुछ दिन इन्तजार करने को कहा गया, पर कितने दिन, यह नहीं बताया गया। मोहनदास पूरी तरह निराश हो गया। उसने मान लिया कि अब उसे नौकरी नहीं मिलनेवाली है। वह मेहनत-मजदूरी करके जीवन काटने लगा।

तभी एक दिन मोहनदास का साढ़ू गोपालदास उसके घर आया। उसने एक ऐसी बात बताई कि मोहनदास सन्न रह गया। उसने कहा कि तीन रोज पहले वह किसी काम से ओरियंटल कोल माइंस गया था। उसे पता चला कि बिछिया टोला का बिसनाथ वहाँ मोहनदास के नाम से पिछले चार साल से डिपो सुपरवाइजर की नौकरी कर रहा है। गोपालदास ने बताया कि बिसनाथ के बाप ने भर्ती दफ्तर के बाबू को पटाकर मोहनदास वाली नौकरी का लेटर अपने आवारा बेटे बिसनाथ को दिलवा दिया। मोहनदास के ओरिजिनल रिजल्ट और सर्टिफिकेट पर मोहनदास की फोटो तो थी नहीं। सो बिसनाथ ने खुद को ही मोहनदास के रूप में पेश कर दिया। उसने मोहनदास के कागजात पर अपनी फोटो लगाकर उसे गजटेड अफसर से प्रमाणित करा लिया।

सच्चाई का पता लगाने के लिए मोहनदास कोलियरी पहुँचा। वहाँ उसने अपने मूल कागजात माँगे तो सबने उसे पागल समझा और मार-पीटकर, अपमानित करके निकाल दिया। फिर वह कोलियरी की वर्कर कॉलोनी लेनिन नगर पहुँचा। वहाँ वह बिसनाथ के फ्लैट पर गया जो मोहनदास के नाम से रह रहा था। बिसनाथ घर पर नहीं मिला पर बाद में उससे मुलाकात हुई। वह दारोगा के साथ घूम रहा था। उन दोनों ने मोहनदास को बिसनाथ नाम से पुकारा और तरह-तरह से अपमानित किया।

उसके बाद भी मोहनदास एक-दो बार कोलियरी गया पर कोई लाभ नहीं हुआ। उसे पता चला कि लेनिन नगर में अफवाह फैली हुई है कि एक सनकी अपने को कोल माइंस का डिपो सुपरवाइजर और मोहनदास बी.ए. बताता है।

मोहनदास भीतर से एकदम टूट गया। उसकी स्थिति हास्यास्पद हो गई। गाँव में वह मजाक का पात्र बन गया। हालाँकि बहुत सारे लोग उसके प्रति सहानुभूति भी रखते थे। घनश्याम उनमें से एक था। उसका एक परिचित कोल माइंस के जीएम एस.के. सिंह को जानता था। घनश्याम ने मोहनदास से कहा कि क्यों न

जीएम से इस मामले की शिकायत की जाए। जीएम एस.के. सिंह ईमानदार और संवेदनशील अफसर थे। उन्होंने मामले की जाँच के आदेश दे दिए।

लेकिन बिसनाथ और उसका पूरा परिवार बड़ा ही तिकड़मी था। उन्होंने जाँच अधिकारी को ही पटा लिया और अपने पक्ष में फैसला करवा लिया। रिपोर्ट आई कि बिसनाथ ही मोहनदास है।

मोहनदास टूटकर बिखर गया। कई दिनों तक वह बदहवासी की हालत में रहा। इस बीच उसके पिता की टीबी से मौत हो गई। माँ तो पहले ही अन्धी हो चुकी थी। उसके बच्चे छोटे-मोटे काम करने पर मजबूर थे। मोहनदास ने बड़ी मुश्किल से खुद को सँभाला और रोजी-रोटी के लिए बाजार में इमरान के स्टार कम्प्यूटर सेंटर पर टाइपिंग, प्रिंटआउट, जिरोक्स का काम सीखना शुरू कर दिया। यहीं उसकी मुलाकात हर्षवर्धन सोनी से हुई। और बातों ही बातों में एक बार फिर उठा मोहनदास के साथ हुए अन्याय का मुद्दा।

सोनी किसी पार्टी में था, उसका जीवन भी तमाम तरह के दुखों-संघर्षों और उत्थान-पतन से भरपूर था। माध्यमिक स्कूल की एक अध्यापिका का बेटा हर्षवर्धन शुरू से ही संवेदनशील और स्वतंत्र विचारों का था। उसके बड़े भाई श्रीवर्धन सोनी ने बी.ई. की परीक्षा में टॉप किया था और इंजीनियरिंग की डिग्री के बावजूद, छह वर्षों तक खिंची बेरोजगारी से हताश होकर, पाँच साल पहले, एक रात, अपने कमरे के सीलिंग फैन में रस्सी का फन्दा लगाकर आत्महत्या कर ली थी। बाजार में छोटी-सी दुकान चलानेवाले बूढ़े पिता और मिडिल स्कूल की मास्टरी करनेवाली माँ के बेटे हर्षवर्धन सोनी की स्मृति में अपने भाई द्वारा आत्महत्या की घटना एक ऐसा गहरा नासूर थी कि पढ़ाई के दौरान ही वह छात्र आन्दोलनों आदि में हिस्सा लेने लगा था। उसने अन्तरजातीय विवाह किया था और दंडस्वरूप अपनी जाति से बाहर कर दिया गया था।

हर्षवर्धन सोनी ने एल.एल.बी. कर लिया था और अपनी पार्टी के साथ-साथ स्थानीय अदालत में वकालत का भी काम करते हुए अपनी आजीविका चलाता था। उसने उस दिन जब स्टार कम्प्यूटर सेंटर में मोहनदास से उसका किस्सा सुना, जो दरअसल किस्सा नहीं, एक असली जिन्दगी का वास्तविक ब्योरा था, तो उसने इस केस को लेकर अदालत की शरण में जाने का फैसला लिया।

"तुम्हारे पास इस समय कितने रुपए हैं?" मोहनदास की बेरंग, फटी-चिथड़ी, पैबन्द लगी, किसी जमाने की नीली रही डेनिम पैंट को घूरते हुए हर्षवर्धन ने कहा—"तुम्हारा केस लड़ूँगा और तुम्हें न्याय दिलाऊँगा।"

मोहनदास की आँखों में चमक आई। उसका दुबला-पतला शरीर एक-दो बार थरथराया। एक पल तो उसे विश्वास ही नहीं हुआ कि कोई इस तरह उसका साथ दे सकता है। फिर उसने कहा—"मेरे पास इस समय अस्सी रुपए हैं। दो-चार दिन में चालीस का प्रबन्ध और कर दूँगा। इमरान से सौ-दो सौ की पेशगी भी मिल जाएगी।"

हर्षवर्धन समझ गया कि मोहनदास अधिक-से-अधिक चार-पाँच सौ रुपयों का प्रबन्ध महीने भर में कर सकता है, जबकि अदालत में केस दाखिल होने का कुल खर्च पाँच हजार रुपयों के आस-पास था। एक के बाद दूसरी सरकारों की वह आर्थिक नीति, जो देश के महानगरों को अमेरिका बना रही थी, वही देश के गाँवों और पिछड़े इलाकों को कंगाल बनाकर वहाँ असंख्य इथियोपिया, रवांडा और घाना पैदा कर रही थी। दिल्ली-लखनऊ, मुम्बई-भोपाल, कोलकाता-पटना में

जब हर राजनीतिक पार्टी और विचारधारा के प्रोफेसर चालीस-पचास हजार महीने का वेतन ले रहे थे और मामूली से मामूली फ्रीलांसर तक दो पन्नों की रपट पर पाँच सौ से हजार रुपए पा रहे थे, तब गाँवों और छोटे कस्बों में मेहनत-मशक्कत का काम करनेवाले मोहनदास जैसे लोगों को चार सौ रुपए की नगदी जुगाड़ने में महीना लग जाता था।

हर्षवर्धन समझ गया कि मोहनदास को अदालत से न्याय दिलाने के लिए उसे रुपए खुद ही इकट्ठा करने पड़ेंगे। उसने एक हजार अपने पास से लगाया, दो हजार कुछ दोस्तों से माँगा और बाकी रुपए लायंस क्लब के चैरिटी फंड से डोनेशन में लिये। यानी संक्षेप में जुगाड़ हो गया।

तो होते-हुआते, इस तरह, आखिरकार मोहनदास का मामला गजानन माधव मुक्तिबोध, न्यायिक दंडाधिकारी (प्रथम श्रेणी), जो सिगरेट नहीं बीड़ी पीते थे और बहुत दुबले थे, जिनके गाल की हड्डियाँ नुकीली थीं और उभरी हुई थीं और माथे पर असंख्य आड़ी-तिरछी रेखाएँ थीं, की अदालत में दाखिल हो गया।

मोहनदास वल्द काबादास जाति विश्वकर्मा, साकिन पुरबनरा, थाना और जिला अनूपपुर, मध्य प्रदेश बनाम विश्वनाथ वल्द नगेन्द्रनाथ, जाति ब्राह्मण, साकिन बिछिया टोला, हाल-वाशिन्दा ए/11, लेनिन नगर, ओरियंटल कोल माइंस, जिला-दुर्ग, छत्तीसगढ़।

मामले के दाखिल होते ही अदालत ने ओरियंटल कोल माइंस के महाप्रबन्धक एस.के. सिंह और वेलफेयर ऑफिसर ए.के. श्रीवास्तव समेत कई और प्रबन्धक श्रेणी के अधिकारियों को तलब किया और उनसे अदालत के सामने यह साक्ष्य प्रस्तुत करने के लिए कहा कि वे प्रमाणित करें कि उनकी कम्पनी ओरियन्टल कोल माइंस में जूनियर डिपो ऑफिसर के पद पर, पिछले कई सालों से काम करनेवाला मोहनदास विश्वकर्मा असल में बिछिया टोला का विश्वनाथ वल्द नगेन्द्रनाथ क्यों और कैसे नहीं है?

न्यायिक दंडाधिकारी गजानन माधव मुक्तिबोध ने अनूपपुर और दुर्ग के जिलाधीशों को आदेश दिया कि वे इस मामले की शासकीय जाँच करें और दो सप्ताह के भीतर-भीतर अदालत के समक्ष अपनी जाँच रिपोर्ट पेश करें।

बीड़ी पीनेवाले न्यायिक दंडाधिकारी जी.एम. मुक्तिबोध के इस आदेश और अदालत के सम्मनों ने ओरियंटल कोल माइंस में हड़कम्प पैदा कर दिया।

स्थानीय अखबारों में इसकी खबरें छपीं—असली मोहनदास कौन? एनडीटीवी और आज तक चैनलों के स्थानीय संवाददाताओं, क्रमशः अनिल यादव और खालिद रसीद, ने इस मामले की बाइट दिल्ली और भोपाल भेजी, लेकिन समाचार चूँकि राष्ट्रीय स्तर और अखिल भारतीय परिव्याप्ति का नहीं पाया गया, वजह यह कि इसमें दिल्ली-भोपाल-लखनऊ के किसी बड़े नेता या अफसर का नाम शामिल नहीं था, इसलिए इसे प्रान्तीय अथवा राष्ट्रीय खबर या सूचना के रूप में प्रसारित नहीं किया गया।

हर्षवर्धन सोनी और मोहनदास, दोनों को पूरी उम्मीद थी कि न्यायिक दंडाधिकारी जी.एम. मुक्तिबोध की अदालत में दूध का दूध और पानी का पानी हो जाएगा। इस विश्वास के पीछे दो मुख्य कारण थे। पहला तो यही कि दंडाधिकारी बीड़ी और ठेले की कड़क चाय पीते थे और उन्हें किसी भी तरह की रिश्वत या लालच के द्वारा भ्रष्ट नहीं किया जा सकता था...

...और दूसरा यह कि सच्चाई मोहनदास के पक्ष में थी क्योंकि असली मोहनदास बी.ए. वही था।

“झूठ ल मूड़-गोड़ कुच्छ नहीं होय। बिहन्ने के उजियार इस सब फरिकाय जई! जै हो मलइहा माई! किरपा रहे सतगुरु कबीर!” (झूठ के सिर-पैर कुछ भी नहीं होते! सुबह के उजाले की तरह सब साफ दिख जाएगा! जै हो मलइहा माई! कृपा बनी रहे सतगुरु कबीर!)

कस्तूरी के मुरझाए हुए जीवन में आशा की एक खूब नई हरी कोमल दूब उग रही थी। पुतली बाई की आँखों में अँधेरा तो काबा के जाने के बाद से ही बढ़ गया था लेकिन परछी के कोने पर चटाई पर किसी बूढ़ी, पंखझरी चील की तरह बैठी हुई, वह अपने कान लगातार भीतरी कोठरिया की ओर लगाए रखती।

और एक दिन सुबह-सुबह, जब मोहनदास अदालत की पेशी में जाने के लिए बासी भात और आलू की तरकारी खा रहा था, तब अचानक पुतली की पुलक भरी आवाज आँगन में गूँज उठी। उसके गले से जैसे कोई प्रसन्न चिड़िया बोल रही थी : “एँ...ए...पुतऊ! ए देउदास...! झाँक त कोठरिया माझी! लगथे अलोपी मइना नबा खोंथा डारे हब्बे का...! दउड़ा...दउड़ा...गे...!” (ए...ए...बहू...! ए देवदास...! कोठरी के भीतर झाँककर तो देखो! लगता है अलोपी मैना ने नया घोंसला बनाया है क्या? दौड़ो...दौड़ो!)

मोहनदास जल्दी-जल्दी खाने में लगा था, जिससे वह समय से पहले अदालत पहुँच जाए क्योंकि लोग बताते थे कि बीड़ी का सुट्टा मारनेवाला जज टाइम का

बहुत पाबन्द है। अगर पाँच मिनट भी देर हुई तो पिछली पेशी में अगली तारीख डालकर अगली पेशी शुरू कर देता है।

जब मोहनदास दिन भर के लिए, भर पेट भात-तरकारी का कलेवा खाकर घर से बाहर निकल रहा था, तो पीछे उसकी अन्धी-बूढ़ी चिड़िया जैसी माँ पुतली जोर-जोर से पुलकती हुई गा रही थी :

"...चोला तरजई रामा...तन तरजई रामा,
सतगुरु साखी ला...चोला तरजई...चोला तरजई!"

अदालत में ओरियंटल कोल माइंस के महाप्रबन्धक एस.के. सिंह हाजिर नहीं हुए थे। उनकी अर्जी वकील ने पेश कर दी। कोलियरी के वेलफेयर ऑफिसर ए.के. श्रीवास्तव ने अपनी इन्क्वायरी की पूरी फाइल और साथ में लगे सभी दस्तावेज न्यायिक दंडाधिकारी, प्रथम श्रेणी के अवलोकनार्थ उनके टेबिल पर रख दिए। हर्षवर्धन सोनी के चेहरे पर हवाइयाँ उड़ रही थीं क्योंकि बिछिया टोला से जिन तीन गवाहों को अदालत में आकर यह साक्ष्य देना था कि मोहनदास नामक आदमी, जो ओरियंटल कोल माइंस में पिछले कई साल से कनिष्ठ आगार अधिकारी की नौकरी कर रहा है, उसे वे बचपन से अच्छी तरह जानते हैं, वह मोहनदास नहीं, विश्वनाथ हैं—उन तीन में से दो गवाह अदालत में हाजिर ही नहीं हुए और तीसरे गवाह, दिनेश कुमार साहू ने पलटी मारते हुए, भरी अदालत में तसदीक कर दिया कि विश्वनाथ ही मोहनदास है। उसने उँगली से हर्षवर्धन सोनी और मोहनदास की ओर इशारा करते हुए यह भी कहा कि ये दोनों लोग महीना भर पहले उसके घर आए थे और उससे कहा था कि अगर तुम हमारा सिखाया बयान कोर्ट में दोगे तो हम तुम्हें पाँच हजार रुपए देंगे।

न्यायिक दंडाधिकारी गजानन माधव मुक्तिबोध ने अगली सुनवाई के लिए एक महीने बाद की तारीख डाल दी। हर्षवर्धन और मोहनदास दोनों स्तब्ध थे।

अब सारी आशा जिलाधीशों की जाँच रिपोर्ट पर टिकी हुई थी। मोहनदास को न्याय अगर मिल सकता था, तो तभी, जब सत्य सामने आए।

अगली पेशी में दुर्ग और अनूपपुर, दोनों जिलों के कलेक्टरों की जाँच रिपोर्ट जब अदालत में प्रस्तुत हुई तो हर्षवर्धन और मोहनदास अवाक् रह गए। उन जाँच रिपोर्टों में पाया गया था कि मोहनदास वल्द काबादास, जूनियर

डिपो ऑफिसर, ओरियंटल कोल माइंस के नाम और शिनाख्तगी के बारे में उठाए गए सारे आरोप निराधार हैं। दस्तावेजों, आवश्यक साक्ष्यों, परिस्थितिगत प्रमाणों, कई ग्रामीणों और पंचायत सदस्यों से पूछताछ के बाद निर्विवाद रूप से यह सिद्ध होता है कि मोहनदास मोहनदास ही है, विश्वनाथ नहीं।

बाद में पता चला कि विश्वनाथ ने इस बार दुर्ग और अनूपपुर दोनों जिलों के सम्बन्धित पटवारियों को दस-दस हजार रुपए की घूस और दारू-मुर्गा दिया था। विजय तिवारी खुद पुलिस की गाड़ी में बिसनाथ को बिठाकर पटवारियों को घूस पहुँचाने गया था। दरअसल, जैसी प्रशासनिक परिपाटी थी, उसमें कलेक्टर उर्फ जिलाधीश उर्फ डिस्ट्रिक्ट मजिस्ट्रेट की इन्क्वायरी का असली मतलब ही होता था—सम्बन्धित तहसील या परगना के पटवारी द्वारा जाँच। अगर कोई अदालत कलेक्टर को किसी जाँच का आदेश देती थी, तो कलेक्टर नोट लगाकर उस आदेश को अपने मातहत, सम्बन्धित इलाके के एस.डी.एम. को भेज देता था। एस.डी.एम. उसे तहसीलदार और तहसीलदार उसे नायब तहसीलदार के सुपुर्द कर देता था। इस तरह, रेवेन्यू इंस्पेक्टर उर्फ आर.आई. उर्फ कानूनगो से होते हुए आखिर में वह आदेश पटवारी के पास पहुँच जाता था। यानी अन्ततः पटवारी ही कलेक्टर की आँख-नाक-कान बन जाता था।

उस रात जब गाँव बिछिया टोला और पुरबनरा के पटवारी कमल किशोर को बिसनाथ और विजय तिवारी ने दस हजार रुपए की गड्डी थमाई और मैकडॉवल नम्बर वन व्हिस्की के साथ बटर चिकेन और मटन सींक कबाब खिलाया तो कमल किशोर पटवारी जमीन पर, दोनों के पैर के नीचे, लोटने लगा।

“अरे आप लोगों का हुकुम हम कभी टालेंगे भला?...इतने एमाउंट में तो हम ससुर...मूस को हाथी, खेत को सड़क अउर छक्का को छह बच्चों की अम्माँ बना दें।” कमल किशोर पटवारी मगन होकर, नोट को बैग में डालते हुए फुदक रहा था। उसने मैकडॉवल नम्बर वन का पटियाला पैग एक गटाके में गले के नीचे उतारा और वहीं, उनकी मौजूदगी में, बिना कहीं गए, मामले की सारी तफतीश कर डाली और पन्द्रह मिनट में मोहनदास बनाम विश्वनाथ मामले में जिलाधीश द्वारा सम्पन्न की गई इन्क्वायरी की पुख्ता रिपोर्ट सफेद कागज के एक पन्ने पर तैयार हो गई।

अर्थात् अंग्रेजों द्वारा गुलाम भारत पर शासन के लिए तैयार किए गए नौकरशाही के इस जंग खाए लौह ढाँचे ने, आजादी के साठ साल बाद, आधिकारिक सरकारी दस्तावेज पर, विश्वनाथ वल्द नगेन्द्रनाथ को मोहनदास वल्द काबादास बना दिया।

मोहनदास फिर टूटने लगा। वह लगातार कबीर का जाप करता, मलइहा माई की मढ़िया की ड्योढ़ी पर वह घंटों बैठा रहता। मलइहा माई सिर्फ मलाई का ही भोग लगाती थीं। वह भी सिर्फ बकरी के दूध की मलाई का। ऊँची जात के लोग उनकी मढ़िया में नहीं आते थे। ठाकुर, बनिया, बाँभन, लाला के देवी-देवता दूसरे थे। मलइहा माई की पूजा का काम ब्राह्मण नहीं गोसाईं करता था। कहते हैं—दलितों-आदिवासियों के साथ भात-रोटी, बेटा-बेटी का सम्बन्ध बना डालने के कारण, जात-पाँत से निकाले गए ब्राह्मण ही गोसाईं कहलाते थे।

मोहनदास ने खांडा गाँव जाकर सिउनारायन गोसाईं को बुलाया, उसे बीस रुपए और दाल-चावल, नमक, हल्दी, गुड़ का सीधा दिया। उससे उसने मलइहा माई की पूजा कराई और शुद्ध बकरी के दूध से निकाली गई पाव-भर मलाई का भोग चढ़ाया।

इस बीच एक घटना और घटी। एक दिन सुबह-सुबह, जब कस्तूरी गाँव की दो-तीन औरतों के साथ दिशा-फराकत को गई थी, उसे झाड़ियों के पीछे कुछ हलचल का आभास हुआ। जैसे कोई वहाँ छिपा बैठा हो। कस्तूरी इन दिनों अपनी हिफाजत में हमेशा कछनी में हँसिया खोंसकर रखती थी। उसे इस बात का अच्छी तरह से अहसास था कि दो बच्चों की माँ बन जाने के बाद भी वह अभी तक गाँव में सबसे सुन्दर कद-काठी और चेहरे-मोहरे की औरत है। और अरसे से गाँव के ठकुरान-बाँभन शोहदों की नजरें गिद्ध की तरह उस पर गड़ी हुई हैं।

कस्तूरी उठकर खड़ी हो गई। उसने कमर में खुँसी हुई हँसिया निकालकर हाथ में थाम लिया और सधे कदमों से झाड़ी की ओर बढ़ी। उसके पीछे रमोली, सितिया, चन्दना और सावित्री थीं।

"को आहे...सिरकिन माझी घुसे हबस दहिजार! निकर तोर गरमी जुड़ाओं बुरचोदृदा, भोंसड़ी वाला!" कस्तूरी चीखी। बाकी औरतों ने भी झाड़ी का घेरा डालना शुरू किया। सबके हाथ में एक-एक टट्टी वाला लोटा था।

झाड़ी से फचाक् से निकलकर छत्रधारी का लड़का विजय तिवारी भागा, बनियान और चड्ढी में उसका चर्बी चढ़ा थुलथुल शरीर भागता हुआ गोलमटोल कलिन्दरा (तरबूज) जैसा दिखाई दे रहा था।

कस्तूरी कुछ दूर तक हँसिया तानकर उसकी ओर दौड़ी, रमोली, सितिया और सावित्री ने गरियाते हुए टट्टी के लोटे खींच-खींचकर मारे। दरोगा विजय तिवारी

गिरता-पड़ता बगटुट भाग रहा था। औरतें पीछे से चिल्ला रही थीं–

"अरे टीवी वालेन का गोहरावा। सीन खींचैं।"(अरे, टीवी वालों को बुलाओ, सीन खींचें।)

"दउड़ा गे...दउड़ा! दरोगा कछनी माझी हगथे..."(दौड़ो री...दौड़ो! दरोगा चड्ढी में हग रहा है...)

उस दिन विजय तिवारी सचमुच डर गया था कि कहीं मोहनदास अपने वकील हर्षवर्धन सोनी के साथ मिलकर टीवी और अखबार में कुछ अंट-शंट न दिखा-छपा दे।

गजानन माधव मुक्तिबोध, न्यायिक दंडाधिकारी (प्रथम श्रेणी) की अदालत में सारी गवाहियों, सबूत, जाँच रिपोर्ट यहाँ तक कि दो-दो जिलाधीशों की इन्क्वायरी ने यह सिद्ध कर दिया था कि बिसनाथ ही मोहनदास है। तो फिर, जो गरीब सा बदहाल आदमी मोहनदास होने का दावा कर रहा है, वह कौन है? इसका अदालत में चल रहे इस मामले से कोई सीधा कानूनी सम्बन्ध नहीं था। वह एक अलग केस हो सकता था, अगर उसकी दरख्वास्त अदालत में कोई वकील वादी की ओर से दाखिल करे।

हर्षवर्धन सोनी तीन दिन, तीन रात तक सो नहीं पाया। वह अच्छी तरह से जानता था कि मोहनदास ही मोहनदास है, लेकिन इसे प्रमाणित कर पाना लगातार कठिन ही नहीं बल्कि असम्भव होता जा रहा था। उसने मुझे ई-मेल भेजा : "ये तो हद है! न मुझसे कुछ खाया-पिया जा रहा है, न रात में नींद आती है। उधर मोहनदास की भी यही हालत है। हर कोई जानता है कि असली मोहनदास यही है, लेकिन इसे साबित कर पाना मुमकिन नहीं रह गया है। क्या करूँ? कुछ सूझता ही नहीं। मोहनदास और मुझे, दोनों को धमकियाँ दी जा रही हैं कि चुप होकर बैठ जाओ...इस बीच पता चला है कि बिसनाथ ने रास बिहारी राय को अपना वकील बना लिया है। उन्हें तो आप जानते ही हैं! सत्ताधारी पार्टी के बड़े नेता हैं। बहू नगर निगम की अध्यक्ष हैं और कई सरकारी-गैरसरकारी संगठनों की प्रमुख हैं। मोहनदास के पक्ष में अब तक चार-पाँच लोग गवाही देने को तैयार हुए हैं। बीरन बैगा, गोपालदास, बिहारीदास, रमोली, सितिया...लेकिन उनका हुलिया ही ऐसा है कि लगता है कि ऐसे गवाह तो पचीस-पचास में कहीं भी मिल जाते हैं। भिखमंगे लगते हैं सब-के-सब।

...सोचता हूँ मैं न्यायिक दंडाधिकारी से सीधे मिलकर देखूँ। वे बीड़ी पीते हैं और कुछ अजीब से लगते हैं। जी.एम. मुक्तिबोध उनका नाम है। मराठी हैं,

लेकिन उनकी हिन्दी गजब की है। कोर्ट के बाद वे सड़क के किनारे रामदीन के ठे॰ पर कड़क चाय पीते हैं।

...मैंने नोट किया है कि जब वे अदालत में मोहनदास की ओर देखते हैं, तो उनकी आँखों में एक अजीब-सी बेचैनी पैदा होती है। उनके माथे की एक नस उभरी हुई है और जब वे कुछ सोचने लगते हैं तो वह फूल जाती है...मुझे डर लगता है कि कहीं किसी दिन वह नस फट तो नहीं जाएगी...? उनकी आँखों में कुछ ऐसा है जैसे वे किसी जासूस या खुफिया की आँखें हों, जो धीरे से चुपचाप, किसी की भी आत्मा के भीतर धँसकर, उसका सब कुछ खँगाल सकती हैं...सुना है, उनके घर में किताबें बहुत सारी हैं और वे तीन बजे रात तक पढ़ते रहते हैं।

एक विचित्र-सी बात मुझे यह भी पता चली है कि जी.एम. मुक्तिबोध हैं तो प्रथम श्रेणी दंडाधिकारी, लेकिन सरकार ने उनके पीछे सी.आई.डी. लगा रखी है...

कोई दूसरा रास्ता न देखकर हर्षवर्धन ने एक तरह का जुआ खेला। किसी भी विचाराधीन मामले के सम्बन्ध में जज से मिलना, वह भी ऐसा जज, जो कुछ रहस्यपूर्ण दिखता हो, एक जोखिम भरा फैसला था। अगर जी.एम. मुक्तिबोध नाराज हो गए तो उसका कैरियर बरबाद हो सकता था। हर्षवर्धन सोनी का अतीत वैसे भी तमाम कठिनाइयों, संघर्षों और दुखों से भरा हुआ था। बेरोजगारी में भाई की हताश आत्महत्या उसकी स्मृति से एक पल को भी ओझल नहीं होती थी। वकालत तो बस नाममात्र की ही थी। उसके पास ज्यादातर वही लोग आते, जिनकी जेब में महँगा वकील करने लायक रुपए नहीं होते थे। मोहनदास के मुकदमे में भी उसे कुछ मिल नहीं रहा था, ऊपर से उसे पाँच हजार रुपए खुद जुटाने पड़े थे, फिर भी उसने न्यायिक दंडाधिकारी से मिलने का जोखिम मोल लिया।

हर्षवर्धन को आश्चर्य हुआ जब अपने फ्लैट में उसे देखकर गजानन माधव मुक्तिबोध के चेहरे पर ऐसे भाव आए जैसे वे पहले से ही उसके आने के बारे में जानते रहे हों। जैसे उन्हें पहले से ही पता हो कि हर्षवर्धन उनके पास आएगा ही आएगा, उन्होंने उसके लिए लकड़ी की एक पुरानी-सी कुर्सी डाल दी और "बैठो! मैं चाय बनाता हूँ!" कहकर भीतर की ओर चले गए।

हर्षवर्धन ने कमरे में नजर दौड़ाई। वहाँ हर चीज बेतरतीब थी। कई किताबें

यहाँ-वहाँ बिखरी पड़ी थीं और उनमें से कई के पन्ने खुले हुए थे, जिनके बीच में पेंसिल, कार्ड या पेड़ों के पत्ते फँसाए गए थे। शायद किताबों के वे पृष्ठ उन्हें बहुत पसन्द होंगे और वे बार-बार उन्हें पढ़ते होंगे। कमरे की हालत देखकर लगता था कि वे यहाँ अकेले ही रहते हैं। हर्षवर्धन को पता चला था कि उनका तबादला अक्सर उन्हीं आदिवासी या पिछड़े इलाके में कर दिया जाता है, जहाँ ऐसे मुकदमे नहीं आते, जिनसे किसी बड़े आदमी या व्यापारी आदि को कोई नुकसान पहुँचे।

हर्षवर्धन की निगाह ऊपर उठी। दीवार पर गांधीजी और मार्क्स के चित्र टँगे थे। एक कोने में गणेशजी की प्रतिमा रखी थी। दाईं ओर की दीवाल पर बुकशेल्फ था, जिसमें कानून की तमाम किताबें ऐसे रखी थीं, जैसे उन्हें वर्षों से खोला ही न गया हो।

जी.एम. मुक्तिबोध चाय लेकर आ गए थे। साथ में एक तश्तरी में थोड़े से बेसन के सेव थे। चाय तिपाई पर रखकर मुक्तिबोध तख्त पर बैठ गए। चाय बहुत कड़क और सड़क छाप थी। खूब औंटाई और उबली हुई।

बहुत देर तक कमरे में सन्नाटा रहा। हर्षवर्धन की हिम्मत नहीं हो रही थी कि वह उनसे बात शुरू करे। सामने की दीवार पर एक बहुत पुरानी घड़ी थी, जो शायद चाभी भरने से चलती होगी। लेकिन लगता था, जैसे वर्षों से किसी ने उसमें चाभी न भरी हो। वह बन्द थी। बगल में एक कैलेंडर टँगा था, जिसमें सिर पर पगड़ी बाँधे हुए बाल गंगाधर तिलक की तसवीर छपी थी। हर्षवर्धन ने देखा कि वह कैलेंडर सन् 1964 का था।

"मैं जानता हूँ कि (एक बहुत लम्बी, कहीं दूर तक जाकर लौटती हुई साँस) मोहनदास ही...वास्तविक मोहनदास है।" न्यायिक दंडाधिकारी की आवाज जैसे किसी गहरे कुएँ या बावड़ी में से आ रही थी। बहुत धीमी, मद्धिम आवाज। उन्होंने चाय की एक लम्बी चुस्की भरी। उस घूँट और उसके स्वाद ने जैसे उनके माथे के तनाव को थोड़ा-सा शिथिल किया।

"...और वह दूसरा आदमी फ्रॉड है। वह सरासर इम्पर्सोनेट कर रहा है। मुझे पता है, वह विश्वनाथ वल्द नगेन्द्रनाथ, जूनियर डिपो ऑफिसर ही है, जो ए बटा ग्यारह, लेनिन नगर में अवैध ढंग से मोहनदास की आइडेंटिटी चुराकर रह रहा है। ही इज अ चीट, अ क्रिमिनल! अ स्काउंड्रल!" उनकी आवाज बहुत धीमी लेकिन किसी धातु जैसी धारदार और दृढ़ थी। उन्होंने अपनी जेब से बीड़ी का बंडल निकाला और उसमें से एक बीड़ी निकालकर पहले उसमें उलटी फूँक मारी, फिर तीली से उसे सुलगाकर एक गहरा कश लिया।

हर्षवर्धन को लग रहा था जैसे वह अपने समय से बाहर, किसी टाइम मशीन में बैठकर, किसी दूसरे समय में पहुँच गया हो। उसने कहा—"मैं यही बताने आपके पास आया था। लेकिन आपको कैसे पता कि असली मोहनदास कौन है?"

"इसे जानना तो बहुत आसान है। अगर आप में थोड़ी-सी संवेदना और विवेक हो।" मुक्तिबोध ने कहा और वे चिन्तित होकर कुछ सोचने लगे। उन्होंने बीड़ी का एक खूब गहरा कश लिया। "मैं तीन रातों से लगातार जाग रहा हूँ। आइ कांट स्लीप फॉर अ मोमेंट! ...इट इज अब्सर्ड एंड अ वेरी टेंस एक्सपीरिएंस।" उनकी उँगलियों के बीच फँसी हुई बीड़ी बुझने के करीब थी। उनकी आँखें जैसे कहीं और नहीं, अपने आपको ही देखने लग गई थीं।

"दि होल सिस्टम हैज टोटली कोलैप्स्ड! जस्ट लाइक ट्विन टॉवर्स इन न्यूयॉर्क ...नाइन इलेवन! ...नाउ व्हाट इज लेफ्ट फॉर दि सब्जेक्ट एंड पुअर इज...अनार्की एंड कैटॅस्ट्रॉफी!! (पूरी व्यवस्था ढह चुकी है। न्यूयॉर्क की जुड़वाँ मीनारों की तरह ...11 सितम्बर! ...अब प्रजा और गरीबों के सामने सिर्फ अराजकता और विनाश ही बचा है।) मुझे लगता है, हम पूँजी और सत्ता...कैपिटल एंड पावर के एक बिल्कुल नए रूप के सामने हैं। मोहनदास इज बीइंग डिनाइड ऑफ अ सिंपल एसेन्शियल लीगल जस्टिस, क्योंकि वह न्याय को खरीद नहीं सकता! ओह!"

गजानन माधव मुक्तिबोध के माथे की नस फूल रही थी। उनकी उँगलियाँ काँप रही थीं। वे बेचैन होकर खड़े हो गए थे। उन्होंने बुझी हुई बीड़ी को देखा और जेब से माचिस निकालकर उसे फिर सुलगाने लगे।

"हर सिद्धान्त खत्म हो सकता है। ...किसी समय बहुत परिवर्तनकारी लगनेवाली बौद्धिक और दार्शनिक संरचनाएँ बदले हुए समय में बिल्कुल खोखले वाग्जाल, अनर्गल बकवास और ठगों के प्रवचनों में बदल सकती हैं। इतिहास में ऐसा बार-बार हुआ है, लेकिन..."

उन्होंने बीड़ी का एक बहुत गहरा कश भीतर खींचकर साँस थोड़ी देर के लिए रोक ली। शायद वे अपनी चढ़ती हुई बेचैन साँसों को निकोटीन के धुएँ से शान्त करना चाहते थे। उन्हें खाँसी आ गई। बाएँ हाथ से उन्होंने अपनी छाती को कुछ देर तक दबाए रखा, फिर खरखराती आवाज में कहा—"लेकिन मनुष्य के भीतर एक चीज ऐसी है, जो कभी भी, किसी भी युग में, किसी भी तरह की सत्ता द्वारा नहीं मिटाई जा सकती!...और वह है न्याय की आकांक्षा। डिजायर फॉर जस्टिस इज इनडिस्ट्रक्टबल...! इट इज आल्वेज इम्मोर्टल...! न्याय की आकांक्षा कालातीत है!" उन्होंने अपनी मध्यमा और तर्जनी के बीच फँसी बीड़ी खिड़की के बाहर उछाल दी। वह बुझ चुकी थी।

हर्षवर्धन सोनी मंत्रविद्ध था, यह कैसा आदमी है! ऐसे व्यक्ति को न्यायिक दंडाधिकारी के रूप में आज के समय में देखना किसी असम्भव स्वप्न जैसा था। एक दुर्लभ फैंटेसी।

वे बेचैनी के साथ कमरे में टहल रहे थे। अचानक वे रुक गए और उनकी आँखों में एक गहरी आत्मीय हँसी किसी तरल द्रव की तरह झिलमिलाने लगी।

"तुम जाओ, हर्षवर्धन!...डोंट वरी मच। मुझे पता है तुम भी पिछली कई रातों से सोए नहीं हो। मेरी तरह!" उन्होंने बड़े जोरों से एक ठहाका लगाया और कहा—"पार्टनर, बेफिक्र होकर सोओ। स्लीप लाइक अ डेड हॉर्स। नाउ आय हैव गॉट विद समथिंग..."

इसके बाद वे हर्षवर्धन के पास आए। उसके कन्धे पर उन्होंने हाथ रखा। हर्षवर्धन को लगा, उस हाथ में कोई भार ही नहीं है। कागज, फूल, स्वप्न या भाषा से बना हाथ।

गजानन माधव मुक्तिबोध, न्यायिक दंडाधिकारी, प्रथम श्रेणी ने धीरे से, हर्षवर्धन के कान के पास फुसफुसाते हुए कहा— "मेरे पास एक पावर है। सिर्फ एक पावर। दैट इज...'सीक्रेट जुडिशियल इन्क्वायरी।' मैं खुद यह जाँच करूँगा। गोपनीय न्यायिक जाँच। जस्ट लीव इट टु मी।"

हर्षवर्धन सोनी जब मुक्तिबोध के फ्लैट से निकलकर बाहर आया तो उसे लगा जैसे वह किसी बहुत लम्बे स्वप्न की गुफा से बाहर निकलकर अपने समय और यथार्थ में वापस लौट रहा है। वहाँ, जहाँ मोहनदास है, बिसनाथ है, वह खुद है और आज का यथार्थ है।

चार दिन बाद ही विश्वनाथ और उसके पिता नगेन्द्रनाथ को जी.एम. मुक्तिबोध न्यायिक दंडाधिकारी (प्रथम श्रेणी) के आदेश पर जालसाजी, धोखाधड़ी, फरेब, चोरी और गबन के जुर्म में इंडियन पीनल कोर्ड की धारा–419/420/468/467 और 403 के तहत गिरफ्तार करके जेल भेज दिया गया। अदालत ने ओरियंटल कोल माइंस के जनरल मैनेजर एस.के. सिंह को आदेश दिया कि वे मोहनदास विश्वकर्मा उर्फ विश्वनाथ, जूनियर डिपो ऑफिसर के विरुद्ध तत्काल कार्रवाई करें और कार्रवाई की सूचना दो सप्ताह के भीतर अदालत को पेश करें। इसके अलावा, इस पूरे प्रकरण में प्रत्यक्ष और परोक्ष रूप से सम्मिलित और लिप्त अधिकारियों और कर्मचारियों के विरुद्ध उपयुक्त विभागीय जाँच और कार्रवाई का प्रारम्भ करें। अगर ओरियंटल कोल माइंस इन

सब लोगों के विरुद्ध न्यायिक आपराधिक प्रक्रिया के अन्तर्गत अपराध कायम करना चाहती है, तो यह न्यायालय इसकी अनुशंसा करता है।

तहलका मच गया। अखबारों में नकली मोहनदास की गिरफ्तारी की खबर प्रमुखता से छपी। ओरियंटल कोल माइंस ही नहीं, बल्कि कई खदानों और सार्वजनिक उपक्रमों के अधिकारियों, यूनियन नेताओं और कर्मचारियों के होश उड़ गए। कई अधिकारी और कर्मचारी मुअत्तल कर दिए गए। कई लम्बी छुट्टियों में चले गए। चारों ओर अफरा-तफरी थी। लेनिन नगर, गांधी नगर, अम्बेडकर नगर, जवाहर नगर, शास्त्री, नेहरू और तिलक नगर जैसी सुव्यवस्थित कॉलोनियों में हजारों बिसनाथ जैसे लोग थे, जो किसी दूसरे की पहचान, अधिकार, योग्यता और क्षमता को चुराकर वर्षों से कुर्सियों पर बैठे हुए थे और हजारों की तनख्वाहें ले रहे थे।

बाद में पता चला कि गजानन माधव मुक्तिबोध, न्यायिक दंडाधिकारी (प्रथम श्रेणी), अनूपपुर, मध्य प्रदेश ने अपने आपातकालीन सुरक्षित न्यायिक अधिकारों का इस्तेमाल करते हुए, स्वयं इस मामले की गोपनीय जाँच की थी।

उस रात देर तक वे पढ़ते रहे। सुबह उन्होंने नौ बजे ड्राइवर को फोन करके अपनी सरकारी गाड़ी मँगाई, जिसका इस्तेमाल वे सिर्फ अदालत जाने और वहाँ से लौटने के लिए ही करते थे। दूसरा फोन उन्होंने एच.एस. परसाई (हरिशंकर परसाई) को किया, जो पब्लिक प्रॉसिक्यूटर थे। तीसरा फोन उन्होंने एस.बी. सिंह (शमशेर बहादुर सिंह) को किया, जो अनूपपुर के एस.एस.पी. थे। ये सभी अधिकारी अपनी-अपनी कर्तव्यनिष्ठा और ईमानदारी के लिए जाने जाते थे। चौथा फोन उन्होंने हर्षवर्धन सोनी को किया और उससे सिर्फ इतना कहा–"पार्टनर स्टैंप पेपर लेकर फौरन चले आओ!"

शमशेर बहादुर सिंह ने बताया कि न्यायिक दंडाधिकारी की गाड़ी सीधे लेनिन नगर में, मटियानी चौक के पास ए-11 नम्बर के फ्लैट पर रुकी। बिसनाथ उस समय विजय तिवारी के साथ किसी नेता की खिदमत में बाहर गया हुआ था। फ्लैट में सिर्फ उसकी पत्नी कस्तूरी उर्फ रेनुका देवी थीं, जो चिटफंड, सोशल सर्विस, किटी पार्टी और फाइनेंस का धन्धा करती थी। न्यायिक दंडाधिकारी ने उससे सीधे उसकी वल्दियत और उसके मायके का पता पूछा। कस्तूरी मैडम उर्फ रेनुका देवी सरकारी बत्ती वाली गाड़ी और इतने लोगों को देखकर घबड़ा गई थीं।

इसके बाद न्यायिक दंडाधिकारी की गाड़ी लेनिन नगर से निकलकर मिर्जापुर-बनारस जानेवाली सड़क पर दौड़ने लगी। ठीक पैंसठ किलोमीटर के बाद यह गाड़ी आवाजापुर गाँव की ओर जानेवाली कच्ची सड़क पर उतर गई और आधे घंटे बाद लंकापुर नामक गाँव में एक भव्य पक्के मकान के सामने

रुक गई। न्यायिक दंडाधिकारी ने वहाँ उस मकान में रहनेवाले लालू प्रसाद पांडे और उनकी पत्नी जयललिता पांडे से सिर्फ दो सवाल किए। पहला उनका और उनके पुत्र-पुत्रियों के नाम। और दूसरा उनके दामादों के नाम और पते। इसके बाद उन्होंने पब्लिक प्रॉसिक्यूटर एच.एस. परसाई को निर्देश दिया कि वे हर्षवर्धन सोनी से स्टैंप पेपर लेकर इनका हलफनामा तैयार कर लें।

न्यायिक दंडाधिकारी की गाड़ी इसके बाद ग्राम पंचायत के सरपंच के घर पर रुकी, जहाँ सरपंच और कुछ गवाहों के बयान दर्ज किए गए।

एस.एस.पी. शमशेर बहादुर सिंह ने जोरों का ठहाका लगाते हुए कहा—"जालसाजों ने इतनी दूर तक सोचा ही नहीं था और सबके सब फँस गए। मैंने तो लंकापुर से ही अनूपपुर थाने के एस.एच.ओ. को फोन कर दिया था कि बिछिया टोला और लेनिन नगर जाकर नगेन्द्रनाथ और बिसनाथ को थाने ले आओ, वरना फरारी में चले गए तो मुसीबत हो जाएगी।"

इसके बाद का विवरण बहुत संक्षिप्त है। हर्षवर्धन सोनी और मोहनदास दोनों इस जीत से बहुत खुश हुए। कस्तूरी सारे पुरबनरा में नाचती फिरी। अन्धी पुतली बाई ने कुठिला में से टटोल-टटोलकर, लुका-छिपाकर रखी गई एक पोटली फिर खोज निकाली, जिसमें बिसुनभोग चावल था। मोहनदास के घर का हर कोना बिसुनभोग, खाँड़सारी और बकरी के दूध से बननेवाली खीर की महक से गमक उठा। अलोपी मैना के घोंसले में अंडों की खोल को अपनी नन्ही-नन्ही चोंच से, भीतर से फोड़कर, दो सुन्दर छौने बाहर निकल आए और उनकी अबोध चिंचियाहट ने कोठरी और ओसार में एक नया संगीत भर दिया।

पुतलीबाई की गठिया का दर्द कम हो गया और पहली बार उसने आँगन और परछी में खुद ही झाड़ू लगाई। वह मगन होकर गाए चली जा रही थी लेकिन उस गीत में किसी प्रसन्न चिड़िया के कंठ के साथ एक कोई उदास-सा स्वर भी शामिल था :

"तोला बिन जग लागे सुन्ना... जग लागे सुन्ना...
नहीं भावे मोला, सोना-चाँदी महल-अटारी..."

हर्षवर्धन सोनी ने मोहनदास से कहा—"अब अगला केस ओरियंटल कोल माइंस में तुम्हें तुम्हारी नौकरी वापस दिलाने के लिए दाखिल होगा। अदालत ने बिसनाथ की सर्विस बुक से तुम्हारे सभी सर्टिफिकेट्स, मार्क्सशीट्स और

टेस्टिमोनियल्स जब्त कर लिये हैं। वे तुम्हें सौंप दिए जाएँगे।" मोहनदास हर्षवर्धन से लिपट गया। उसका कमजोर-गरीब शरीर काँप रहा था। उसका गला भर्राया हुआ था और आँखों से कृतज्ञता और आह्लाद के आँसू लगातार बह रहे थे। जैसे आषाढ़-सावन की झड़ी लगी हो।

बीरनदास बैगा के घर में फिर रास-रंग हुआ। सितिया ने सरसों के तेल, लहसुन-प्याज और गरम मसाले में रसदार सूअर का गोश्त पकाया। तीन मटकी महुए की शराब उतारी। ढोलक, मँजीरा के अलावा इस बार रामकरन हारमोनियम भी लेकर आया था। गोपालदास, बीरन, बिहारी, परमोदी, मोहनदास सभी ने पी। सितिया, रमोली, कस्तूरी, सवित्री भी ठर्रा पीकर मदमत्त हो गई थीं। वे नाच रही थीं और गा रही थीं। मोहनदास को पता नहीं कहाँ-कहाँ के गाने एक के बाद एक याद आ रहे थे। समाँ बँध गया था।

कस्तूरी को आज कुछ ज्यादा ही चढ़ गई थी। वह बार-बार मोहनदास का हाथ पकड़कर उसे खींचने लगती—"हु तु तू...तु...तू...! मोला संग कबड्डी खेलिहे? हु तू तू तू तु तू...!" वह मोहनदास के शरीर में गुदगुदी मचाने लगती।

"जा भाग एट्ठे से! जा दरोगा तिवारी के भइंसवारी माझी...!" मोहनदास उससे चुहल कर रहा था। सब हँसते-हँसते लहालोट हो रहे थे।

जब सवित्री ने अचानक चिल्लाकर कहा—"दउड़ा गे...दउड़ा! तिवारी दरोगा कछनी माझी हगथे!!" तो हँसी और ठहाकों का इतना बड़ा बम फूटा, जिसके धमाके से आधी रात सारा पुरबनरा गूँज उठा।

मोहनदास और बीरन बैगा उठकर आँगन के बीचोबीच खड़े हो गए थे। जैसे

वहाँ कोई अदालत चल रही हो। दोनों डायलॉग मार रहे थे।

मोहनदास : ए...ए गा! तैं कौन है? तेरा नाम क्या है? चलो कोरट को बताओ!

बीरन बैगा : मेरा नाम है बीरन बइगा। अउर मेरे बाप का नाम है डिंडवा बइगा! डिंडवा बइगा!!

मोहनदास : ए गा! अउर मैं कौन हुआ? मेरा क्या नाम?

बीरन बैगा : (आगे बढ़कर उसकी छाती पर उँगली गड़ाते हुए) अबे साले भुक्खड़! तुम्हारा नाम है मोहनदास! मोहनदास!! (चिल्लाते हुए) मोहनदास कबीरपन्थी बंसोर!!!

मोहनदास : अउ मेरे बाप का नाम क्या है?

बीरन बैगा : तेरा बाप तो मर गया है! तेरा बाप का नाम हुआ है काबादास!

मोहनदास : ए गा! मैं मोहनदास इधर, अउर मेरा बाप काबादास उधर ऊपर, सुरग में...तो बुच्चोद्दी वो उधर अनूपपुर का जेहलखाना में कउन बैठा है?

बीरनदास : (कूदकर हाथ नचाता हुआ चीखता है)...वो दहिजरा बिसनाथ! चार सौ बीस...! उसका बाप डबल चार सौ बीस! उसका औरत चार सौ बीस! कोयला खदानवाले लेनिन नगर का अफसर नेता सब चार सौ बीस!

(परमोदी, सितिया, बिहारी, रामकरन, रमोली, सवित्री, गोपालदास सभी के सम्मिलित ठहाकों के साथ ढोलक, मँजीरा, हारमोनियम का संगीत।)

इस पूरी कहानी के उदास, हताश धूसर रंग के बीच में चटखीले प्रसन्न रंगों का यह छींटा आपको किसी क्षेपक की तरह लग रहा होगा, है न? आपका सोचना बिल्कुल सही है। गरीबों और अन्याय के शिकार लोगों के जीवन के खुरदरे यथार्थ में ऐसे सुन्दर रंग कभी-कभार बस ऐसे ही कुछ पल के लिए आते हैं। सत्ता और पूँजी से जुड़ी ताकतें अचानक किसी बाज की तरह झपट्टा मारकर अलोपी मैना के घोंसलों को उजाड़ देती हैं और बाहर दिखाई देते हैं चिड़ियों के नन्हे-नन्हे छौनों के पंख और खून के कुछ धब्बे। ये धब्बे किसी भी पार्टी की सरकार के मानव संसाधन मंत्रालय द्वारा लिखवाए गए इतिहास की पाठ्य-पुस्तकों में कभी नहीं दिखाई देते। क्योंकि इतिहासकार का पेशा ही है अपने समय की सत्ता के दामन के दाग-धब्बों को छिपाना।

वह महीना कई अप्रत्याशित घटनाओं से भरा हुआ था। भारत की राजधानी दिल्ली से एक हजार पचास किलोमीटर दूर जो कुछ घट रहा था, उसकी सूचना और खबर इस कहानी के अलावा आपको और कहीं से नहीं मिलेगी। अनूपपुर में मोहनदास का जीवन जिन हालात से गुजर रहा था, उसका संक्षिप्त विवरण यों

है : गजानन माधव मुक्तिबोध, न्यायिक दंडाधिकारी, प्रथम श्रेणी का तबादला अचानक राजनाँद गाँव के लिए हो गया और वे अनूपपुर छोड़कर चले गए।

बिसनाथ के वकील रास बिहारी राय, जो सत्ताधारी पार्टी के बड़े नामी-गिरामी नेता थे और जिनकी बहू नगर निगम की अध्यक्ष थीं, उन्होंने एक ही पेशी में बिसनाथ और उसके पिता नगेन्द्रनाथ की जमानत करा दी। रास बिहारी राय मौजूदा राजनीति के मँजे खिलाड़ी थे। 'विश्वनाथ उर्फ मोहनदास' को जेल से जमानत पर रिहा कराते हुए, पुलिस से साँठ-गाँठ करके उन्होंने यह चालाकी की कि पुलिस रिकॉर्ड में मोहनदास नाम ही दर्ज रहे। क्योंकि जब तक अदालत अन्तिम फैसला नहीं सुनाती तब तक मोहनदास उर्फ विश्वनाथ 'अपराधी' नहीं, कानूनी तौर पर 'संदिग्ध' ही था। यानी पुलिस के दस्तावेजों और आधिकारिक कागजात में, अनूपपुर जेल से जो दो कैदी जमानत पर रिहा किए गए वे अपने पुराने नामों 'मोहनदास उर्फ विश्वनाथ' और 'काबादास उर्फ नगेन्द्रनाथ' के नाम से ही जेल के बाहर थे। उन दोनों के रिहाई दस्तावेजों पर बाद वाला नाम इस तरह घसीटे में लिखा गया था कि पढ़ाई में नहीं आता था।

उधर अचानक एक दिन खबर मिली कि राजनाँद गाँव में न्यायिक दंडाधिकारी जी.एम. मुक्तिबोध का ब्रेन हैमरेज हुआ और उन्हें अचेतावस्था में बिलासपुर के अपोलो अस्पताल में भर्ती किया गया। अपोलो में कांग्रेस पार्टी के महामंत्री श्रीकान्त वर्मा और मुक्तिबोध के अभिन्न मित्र नेमिचन्द्र जैन उनके साथ मौजूद थे। लेकिन 72 घंटे तक जीवन-मृत्यु के बीच चले कठिन संग्राम के बाद गजानन माधव मुक्तिबोध, न्यायिक दंडाधिकारी, प्रथम श्रेणी ने अपनी अन्तिम साँस ली। ...इस अन्तिम साँस में उन्होंने 'हे राम!' कहा।

उनकी मृत्यु की सूचना मिलने पर हर्षवर्धन सोनी के साथ फूट-फूटकर रोनेवाला पुरबनरा गाँव का मोहनदास कबीरपन्थी बंसोर भी था। उसके जीवन से जैसे आशा का अकेला स्रोत ही बुझ गया।

ताजा हाल यह है कि बिसनाथ ने अपनी पत्नी रेनुका के साथ मिलकर, कोलियरी की दलाली में बहुत पैसा कमा लिया है। विजय तिवारी के साथ उसकी बैठकी अब भी चलती है। वह इन दिनों खुलकर राजनीति में आ गया है और जिला जनपद के अध्यक्ष पद का चुनाव लड़ रहा है। उसकी जात-बिरादरी के लोग तो वैसे भी ऊँची जगहों पर हैं। वे हर तरह से उसकी मदद करते हैं। वह कहता है—"असली मोहनदास कौन है और नकली कौन है, इसका फैसला तो हम करेंगे। उस ससुर दो कौड़ी के फटीचर बंसोर ने हमारी इज्जत पर बट्टा लगाया, लगी-लगाई नौकरी छीनी, अब हम अपनी ताकत उसे दिखा देंगे।"

अभी पिछले हफ्ते जब मैं अपने गाँव गया तो हर्षवर्धन के चेहरे पर हवाइयाँ उड़ रही थीं। उसकी आँखें लाल थीं। उसने कहा—"पिछली तीन रात से मैं सोया नहीं हूँ। समझ में नहीं आता क्या करूँ! बिसनाथ के बारे में पुरबनरा के लोग सच कहते हैं—गजब का बिसधारी! असल करैत!"

उसने लम्बी साँस भरी और कहा—"लेनिन नगर के इलाके में बिसनाथ हर दूसरे-तीसरे दिन कोई-न-कोई क्रिमिनल वारदात करता है। कभी किसी की चेन खींच लेता है, कभी किसी के साथ मारपीट करके घायल कर देता है। उसकी पत्नी फाइनेंस और चिटफंट के जिस धन्धे में है, उसकी वसूली में वह कर्जदार के घर में घुसकर उनका सामान उठा लाता है...अब थाने में जो एफ.आई.आर. दर्ज होती है, वह तो मोहनदास के नाम पर ही दर्ज होती है क्योंकि वहाँ ज्यादातर लोग बिसनाथ को अभी तक मोहनदास के नाम से ही जानते हैं। और इधर पुलिस पुरबनरा जाकर इस बेचारे असली मोहनदास को पकड़ लाती है।"

हर्षवर्धन की आँखों में असहायता के आँसू थे। "बिसनाथ ने पुलिस इंस्पेक्टर विजय तिवारी से मिलकर थाने के सिपाहियों को खिला-पिला रखा है। उन्होंने मोहनदास को पीट-पीटकर उसके हाथ-पैर तोड़ डाले हैं। वह चल-फिर नहीं पाता। उसकी माँ पुतलीबाई भी चार रोज पीछे कुएँ में गिरकर मर गई। कस्तूरी हाड़-तोड़ मजूरी करके किसी तरह चूल्हे की आग जिन्दा रखे हुए है।

मेरी आँखें ऊपर उठीं। सामने से मोहनदास लँगड़ाता हुआ चला आ रहा था। उसके शरीर पर पुरानी बेरंग, पैबन्द लगी पैंट और चीथड़ा हो चुकी चौखाने वाली कमीज नहीं, सिर्फ एक लँगोटी बची थी। उसके सिर के बाल गिर चुके थे और आँखों में गोल फ्रेम का सस्ता-सा चश्मा लगा था। वह धीरे-धीरे डगमगाता हुआ, लाठी के सहारे, किसी बीमार बूढ़े की तरह चल रहा था।

"काका, राम-राम!" उसने मुझे देखकर हाथ जोड़े। उसके चेहरे पर पीड़ा और पराजय की गहरी लकीरें खिंच आईं। मैंने देखा, वह बहुत बूढ़ा लग रहा था। लगभग अस्सी-पचासी साल का। लाठी टिकाकर वह वहीं जमीन पर बैठ गया। उसके गले से कराह के साथ भर्राई हुई आवाज निकली, लेकिन वह आवाज जिस भाषा में थी, वह भाषा थी 'राजभाषा' हिन्दी। उसने कहा—"मैं आप लोगों के हाथ जोड़ता हूँ। मुझे किसी तरह बचा लीजिए। मैं किसी भी अदालत में चलकर हलफनामा देने के लिए तैयार हूँ कि मैं मोहनदास नहीं हूँ। मेरे बाप का नाम काबादास नहीं है। और वह मरा नहीं है, अभी जिन्दा है। बहुत मारा है मुझे पुलिस ने बिसनाथ के कहने पर। सारी हड्डियाँ तोड़ डालीं। साँस तक लेने पर छाती दुखती है।"

मैं देख रहा हूँ, मोहनदास के होंठ कटे हुए हैं और मुँह पोपला हो चुका है। शायद थाने में उसके दाँत तोड़ डाले गए हों। उसकी आवाज टूटकर बिखर रही है—"जिसे बनना हो बन जाए मोहनदास। मैं नहीं हूँ मोहनदास। मैंने कभी कहीं से बी.ए. नहीं किया। कभी टॉप नहीं किया। मैं कभी किसी नौकरी के लायक नहीं रहा। बस मुझे चैन से जिन्दा रहने दिया जाए। अब हिंसा मत करो। जो भी लूटना हो लूटो। अपने-अपने घर भरो। लेकिन हमें तो अपनी मेहनत पर जीने दो! काका, आप लोग मेरा साथ दो।"

पता चला मोहनदास का बारह साल का बेटा देवदास दस दिन से घर नहीं लौटा है। कोई कहता है उसे बिसनाथ ने गायब करा दिया, कोई कहता है वह डरकर मुम्बई भाग गया है...

...और कोई-कोई यह भी कहता है कि उसे परसों बस्तर के जंगलों में देखा गया है।

## उदय प्रकाश

जन्म 1 जनवरी, 1952

लघु उपन्यास *मोहनदास* से उद्धृत यह कहानी सर्वप्रथम *हंस* में अगस्त 1995 में प्रकाशित हुई। आज यह अंग्रेजी, जर्मन और दुनिया की बहुत सी भाषाओं में पढ़ी जाती है।

अग्रणी कथाकार, पटकथा लेखक, फिल्म निर्माता, पत्रकार, सम्पादक, शोधकर्त्ता एवं प्राध्यापक। साहित्यिक पत्रिका पूर्वाग्रह, साप्ताहिक दिनमान तथा दैनिक संडे मेल में कई वर्ष तक सम्पादक। जवाहरलाल नेहरू विश्वविद्यालय और टाइम्स रिसर्च फाउंडेशन नई दिल्ली में अध्यापन। प्रेस ट्रस्ट ऑफ इंडिया के टेलीविजन विभाग तथा इंडिपेंडेंट टेलीविजन में विचार और पटकथा प्रमुख।

उदय प्रकाश की कहानियों की यह विशेषता है कि उनमें समय की सामाजिक-राजनीतिक सच्चाई, स्वर-संवेदनाएँ, स्थितियाँ स्वतः स्फूर्त मुखरित हो उठती हैं और हमें इन मुद्दों पर सोचने के लिए विवश कर देती हैं। उनका गहरा समाजशास्त्रीय अध्ययन इन रचनाओं में एक ऐसा यथार्थ गूँथ देता है कि हम भीतर तक बेचैन हो उठते हैं और व्यवस्था से जूझने के लिए, उसे बदलने के लिए अपने अन्दर एक अदम्य आवेग अनुभव करने लगते हैं।

उदय की कहानियाँ, लघु उपन्यास, उपन्यास, कविताएँ, निबन्ध-आलोचना एवं संस्मरण आज देश-विदेश की अनेक भाषाओं में उपलब्ध हैं। उनकी साहित्यिक रचनाओं में *दरियाई घोड़ा, तिरिछ, और अन्त में प्रार्थना, पॉल गोमरा का स्कूटर, पीली छतरीवाली लड़की, दत्तात्रेय के दुख, अरेवा-परेवा, मेंगोसिल, चीना बाबा, सुनो कारीगर, अबूतर-कबूतर, रात में हारमोनियम, एक भाषा हुआ करती है* प्रमुख हैं।

उदय ने दूरदर्शन के राष्ट्रीय चैनल के लिए कई शृंखलाओं एवं वृत्त चित्रों का भी लेखन और निर्देशन किया है जिनमें ताना-बाना, बिज्जी का खजाना और कृषि कथा उल्लेखनीय हैं। उन्होंने कुछ फीचर फिल्मों को पटकथा और संवाद भी दिए हैं जिनमें *उपरान्त, डबल लाइफ* तथा *हाइवे 39* शामिल हैं।

अपने कृतित्व के लिए उदय कई प्रतिष्ठित साहित्यिक पुरस्कारों से नवाजे जा चुके हैं। इन पुरस्कारों में भारत भूषण अग्रवाल स्मृति पुरस्कार, ओमप्रकाश साहित्य सम्मान और श्रीकान्त वर्मा स्मृति सम्मान प्रमुख हैं।

दफ़ा 604

अपूर्व अग्रवाल

दफ़ा

604

कानूनी दाँव-पेच की श्रेष्ठ कहानियाँ

अपूर्व अग्रवाल

किसी भी समाज की कोई भी इकाई समाज के नैतिक मूल्यों, मान-मर्यादाओं और अनुशासन के मानदंडों का प्रतिबिम्ब होती है। फिर चाहे यह न्यायपीठों, न्यायाधीशों, या सत्य, न्याय और धर्म की रक्षा की प्रतिज्ञा लेनेवाले कानूनविद ही क्यों न हों, जिन्हें समाज ने लोकतंत्र का प्रमुख आधार-स्तम्भ माना है।

प्रस्तुत कहानियाँ हमें इसी कानूनी दाँव-पेच की जीती-जागती दुनिया में ले जाती हैं, जहाँ एक न्यायाधीश न्याय-परायणता निभाने के लिए अपने सर्वस्व की बलि दे देता है, तो दूसरा, सामाजिक बुराइयों के आगे घुटने टेक पूरे पेशे की पवित्रता भंग कर देता है। हिन्दी साहित्य की ये श्रेष्ठ कहानियाँ हमें उन पेचदार कानूनविदों से भी मिलवाती हैं, जिनके लम्बे होशियार हाथों में कानून की लगाम है! दफ़ा 604 उन्हीं की कानून-पटुता की सच्चाई उकेरती कहानियों का संग्रह है, जिसमें मानव-चरित्र के कई राग-रंग आलोकित होते हैं।